일·타·큰·스·님·법·어·집

부드러운 말 한마디
미묘한 향이로다

효림

지은이 동곡 일타(東谷 日陀) 스님

1929년 충남 공주에서 출생하여 1942년 양산 통도사로 출가하였다. 1946년 송광사 삼일암의 수선안거(修禪安居)를 시작으로 일평생 참선정진 및 중생교화에 몰두하였다. 해인사 주지·은해사 주지·대한불교조계종전계대화상 등을 역임하였으며, 현재 대한불교조계종 원로위원으로 있다.

저서로는 《범망경보살계》 1~5권, 《법공양문》, 《시작하는 마음》, 《영원으로 향하는 마음》, 《자기를 돌아보는 마음》, 《시작도 끝도 없는 길》, 《祈禱》, 《생활 속의 기도법》 10종이 있으며, 육성법문집인 《감로법문》 등이 있다.

부드러운 말 한마디 미묘한 향이로다

초 판 1쇄 펴낸날 1997년 9월 15일
       20쇄 펴낸날 2024년 10월 23일

지은이 일타스님
엮은이 김현준
펴낸이 김연지
펴낸곳 효림출판사
등록일 1992년 1월 13일 (제2-1305호)
주 소 서울시 서초구 반포대로14길 30, 907호 (서초동, 센츄리I)
전 화 02-582-6612, 587-6612
팩 스 02-586-9078
이메일 hyorim@nate.com

값 9,000원
ⓒ효림출판사 1997
ISBN 978-89-85295-44-4 03220

잘못 만들어진 책은 바꿔 드립니다.
이 책은 저작권법에 따라 보호를 받는 저작물이므로 무단전재와 무단복제를 금지합니다.

서 문

성 안 내는 그 얼굴이 참다운 공양구요
부드러운 말 한마디 미묘한 향이로다
깨끗해 티가 없는 진실한 그 마음이
언제나 한결같은 부처님 마음일세

   面上無瞋供養具
   口裡無嗔吐妙香
   心內無嗔是眞實
   無垢無染是眞常

약 30년 전 ≪법공양문≫을 펴낼 때 앞부분에 문수동자의 게송을 수록하며 이와같이 번역하였다. 그 다음부터 이 한글 번역이 크게 유행하여 노래까지 나오더니, 이렇게 법문집 제목까지 ≪부드러운 말 한마디 미묘한 향이로다≫로 정하게 되었다. 법문집……

그렇다면 과연 법문(法門)이란 무엇인가?

중생이 탐착(貪着)하는 행위를 '업(業)'이라 하거니와 탐착을 떠나서 맑고 향기로운 세계에 들어가는 것, 이것을 법문이라 한다. '업'은 인(因)과 연(緣)이 얽혀서 만들어지고, 그것이 팔만사천의 끝없는 전도몽상(顚倒夢想)을 일으켜 괴로움의 과보를 이루어낸다. 하지만 불법(佛法)의 '법'은 다르다.

그 법은 특별히 어디에서 구하여 얻는 것이 아니라 누구나가 본래부터 갖추고 있는 것이다. 그래서 본연법(本然法)이라 한다. 어디에나 없는 데가 없기 때문에 정등법(正等法)이라 하고, 지혜로움과 어리석음에 관계없이 항상 그대로 있는 것이기 때문에 무위법(無爲法)이라고 한다.

또한 중생의 생사를 깨뜨리므로 열반법(涅槃法)이라 하고, 괴로움에서 벗어나게 하므로 해탈법(解脫法)이라 하며, 더러

움이 없으므로 청정법(淸淨法), 바른 깨달음을 안겨주므로 정각법(正覺法), 최상의 진리에 이르게 하므로 무상법(無上法), 한없이 평안하므로 평등법(平等法), 상대적인 갈등이 전혀 없으므로 불이법(不二法), 모든 중생을 남김없이 포용하므로 자비법(慈悲法)이라고 한다.

이밖에도 '법'을 설명하기 위해 무수한 이름을 붙이고 있다. 하지만 이러한 이름이나 설명으로는 법의 참모습을 결코 나타낼 수가 없기 때문에, 옛 스승들은 다음과 같이 거듭거듭 설파하셨다.

"불법을 불법이라 하면 벌써 불법이 아니다."

"법도 비법(非法)도 법상(法相)도 비법상(非法相)도 모두 4상(四相)에 대한 집착이다."

"여래께서 증득하신 법은 실(實)도 없고 허(虛)도 없다."

"법은 가히 설할 수 없다."

정녕 법은 설하거나 남이 줄 수 있는 것이 아니다. 스스로 빛을 되돌려 스스로 원래의 자리로 돌아갈 뿐이다. 그러므로 법에 의지하여 법의 세계로 돌아감으로서 '모든 법이 참된 삼매요 시방세계가 불이문[萬法眞三昧 十方不二門]'인 경지를 이루어야 하는 것이다.
　그렇다면 이러한 불법의 집안으로는 어떻게 들어가야 하는가? 마땅히 문(門)을 열고 들어가야 한다. 어떠한 문을 열고 들어가야 하는가? 구태어 말하자면 세 가지 문이 있으니, 첫째는 공문(空門)이요 둘째는 무상문(無相門)이요 셋째는 무원문(無願門)이다.
　제1 공해탈문(空解脫門)은 일체의 망념(妄念)을 반야의 지혜로 비추어서 텅 비워버리는 것이다. 망념의 앞뒤가 모두 끊어지면 오온(五蘊)이 저절로 공하여져서 일체의 괴로움을 건지는 경지에 이르기 된다.

그러나 여기에 만족하여서는 안된다. 다시 제2 무상해탈문(無相解脫門)으로 나아가야 한다. 금가루가 비록 귀한 것이나 눈에 들어가면 눈병을 만들어내듯이, '나다·너다, 저것이다·이것이다(自他彼此)' 하는 상(相)이 털끝만큼이라도 있으면 수많은 허물이 다시 일어나게 된다.

그러므로 모든 상에 대한 집착을 떨쳐버리고 마음과는 다르게 움직이는 눈·귀·코·혀·몸·뜻의 여섯 도둑[六賊]을 돌이켜 육신통(六神通)을 이루어내고, 육식(六識)을 돌이켜 육바라밀을 이루어가야 한다. 그렇게 닦아가면 오래지 않아 일념무생(一念無生)이 되어 바야흐로 무상문에 들어가게 되는 것이다.

마지막 무원해탈문(無願解脫門)을 들어서면 일체에 걸림없는 사람이 한순간에 생사를 벗어나는 '일체무애인 일도출생사(一切無碍人 一道出生死)'의 경지에 이르게 된다. 더이상의 원(願)이 없는 이 자유자재로운 경지에 이르면 인연따라 내버려두어도 중생을 제도하고 해탈을 얻게 하는 것이다.

가만히 돌이켜 보라. 이 세 가지 법의 문 가운데 우리는 과연 어떠한 법의 문에 이르러 있는가를? 진실한 공문에 들어갔는가? 무상문에 들어서고 있는가? 무원해탈의 법문에 득입(得入)하였는가?

정녕 이러한 '法門'의 뜻에 준하여 본다면 나의 이 법문은 '法門'이라 할 것도 없을 것이다. 지난날 철없이 인정에 끄달려 대중 앞에서 떠벌였던 이야기들을 이제 와서 짐짓 주워모아 '법문집'이라는 이름으로 책을 엮어낸다고 한다. 진정 부끄러운 일이요 다시 할 일은 아니라고 생각하면서도 애오라지 서문에 일필(一筆)을 가하는 바이다.

쓸데없는 생각말고 부지런히 공부하라
날마다 하루종일 누굴 위해 바쁠건가
바쁜 중에 한가로운 소식을 알면
한 그루 연꽃이 끓는 물에 피리라

  莫妄想　好參禪
  不知終日爲誰忙
  若知忙中眞消息
  一朶紅蓮生沸湯

       불기 2541년 우란분절
        가야산 지족암에서
          동곡 일타

불도를 닦는 사람 무엇으로 알아내노
얼굴에 빛이 나고 몸에서 향내나네
마디마디 기쁨 주고 걸음걸음 꽃 피어라
자비심을 품었으니 노염 미움 있을 소냐
청정행을 닦았으니 거짓을 끊었어라
≪원효대사의 법공양문 중에서≫

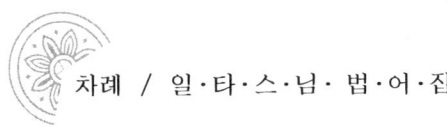 차례 / 일·타·스·님·법·어·집

서문 · 5

I. 무엇을 위하여 살 것인가?

- **세상에서 가장 귀한 것**
  천상천하 유아독존 · 21
  불교는 '나'를 찾는 일에서부터 · 23

- **언제나 '나'와 함께 하는 것**
  네 종류의 마누라 · 27
  아끼고 가꾸어야 할 보배 · 35

- **참된 '나'를 찾는 방법**
  항상 점검하라 · 39
  비우고 또 비워라 · 42

II. 복된 삶을 이루기 위하여

- **윤회와 인과를 믿어라**
  오늘은 어제의 연장, 내일은 오늘의 상속 · 50
  장수의 비결 · 51
  창조론·우연론·숙명론이 아니다 · 53

차 례 / 부드러운 말 한마디 미묘한 향이로다

윤회와 실체의 인과법을 깨닫고 출가한 제선스님 · 56

· **기꺼이 받아들일 때 업은 녹는다**
성호비구니의 업보 · 65
운명이라면 기꺼이 받으리 · 68
배도와 배탁 형제의 선행 · 69
맺힌 업을 풀면서 살아라 · 73

Ⅲ. 베풀며 살자

· **돈 속에 도가 있다**
돈, 잘못 쓰면 지옥의 문을 여는 열쇠 · 78
인색함의 결과 · 79
도로써 돈을 써라 · 82

· **세 가지 종류의 보시**
좋은 세상을 여는 재물보시 · 85
으뜸가는 복을 심는 법보시 · 88
무외시는 보시의 완성 · 91
자비로써 보시하자 · 94

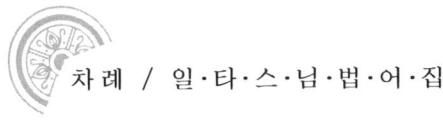 차례 / 일·타·스·님·법·어·집

IV. 밝은 삶을 여는 계율

- **어둠과 밝음의 세계**
  공덕녀와 흑암녀 · 100
  어둠에서 밝음의 세계로 · 102

- **계의 4과(四科)**
  계법(戒法)과 계체(戒體) · 106
  계행(戒行)과 계상(戒相) · 109

- **근본계율—삼귀의와 오계**
  선(線)을 잘 지켜라 · 114
  삼귀의계(三歸依戒) · 116
  5계 · 117

- **계율의 큰 이익**

V. 자기를 돌아보는 공부

- **도 닦을 기회는 지금**
  끝이 없는 세상의 일 · 133

차 례 / 부드러운 말 한마디 미묘한 향이로다

금생을 놓치면 · 135
신심 속에 깨달음 · 142

· **깨달음은 스스로 다가온다**
자기를 경책하라 · 149
다가서는 도(道) · 152
요긴히 정진하라 · 155

Ⅵ. **화두 드는 법**

· **참선과 화두**
관선과 참선 · 166
화두란? · 168

· **화두를 드는 요령**
간절히 참구하라 · 175
송화두·염화두·간화두·참화두 · 177
7일간의 용맹정진 · 180
누구나 도를 이룰 수 있다 · 186
형편 따라 정진하라 · 190

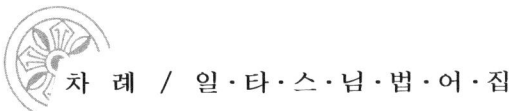

Ⅶ. 마하반야바라밀

- 마하(摩訶)
  마하란 무엇인가? · 203
  마하심(摩訶心)과 손오공 · 205

- 반야(般若)
  잘 사는 지혜 · 213
  마하반야와 관자재보살 · 215
  살짝도인 · 218

- 바라밀다(波羅密多)
  해탈의 저 언덕 · 226
  용맹정진의 긴고주 · 229

제1장
무엇을 위하여 살 것인가?

사랑은 살리는 것이다.
우리가 '나'를 진정으로 사랑한다면
스스로를 올바로 살리고 살려가야 한다.
올바로 살리고 살려가기 위해서는
참된 '나'를 찾아야 하며,
참된 '나'를 찾기 위해서는
스스로를 맑혀가야 한다.

세상에서 가장 귀한 것

천상천하 유아독존

지금부터 2539년 전, 석가모니 부처님은 인도의 룸비니 동산에서 탄생하셨다. 그리고 태어나자마자 한 손으로는 하늘을, 한 손으로는 땅을 가리키며 영원한 진리의 일성(一聲)을 터뜨렸다.

"천상천하 유아독존(天上天下 唯我獨尊)."

하늘 위 하늘 아래를 통틀어 나만이 홀로 높다고 하신 것이다.

유아독존……. 어쩌면 이것은 지극히 건방진 말로 들릴 수도 있다. 그러나 꼼꼼히 새겨보면 이것 이상 솔직한 말도 없을 것이다.
　우리들 자신에게 있어 '나'란 도대체 어떤 존재인가? '나'는 오직 하나뿐인 유아독존이다. 유아독존이기에 '나'는 가장 소중하고 절대적인 존재요, 이 세상에서 가장 사랑하는 것 또한 '나'일 수밖에 없다.
　주위를 한번 돌아보라. '나'보다 더 '나'를 사랑하는 존재가 있는가? 없을 것이다. '나'보다 더 사랑할 수 있는 '남'이 있는가? 분명히 없을 것이다.
　분명 어떠한 존재에 대한 사랑도 나를 절대의 자리에 둔 다음 서열을 정한다. 배우자도 자식도, 부모도 부처님도 '나' 다음에 놓일 뿐이다. 오히려 나를 너무 사랑한 나머지 부모에게 연인에게, 부처님에게까지도 '나'를 가장 사랑해 줄 것을 요구하고 있다.
　그렇다면 사랑이란 무엇인가?
　사랑은 살리는 것이다. 우리가 '나'를 진정으로 사랑한다면 스스로를 올바로 살리고 살려가야 한다. 나아가 올바로 살리고 살려가기 위해서는 참된 '나'를 찾아야 하고, 참된 '나'를 찾기 위해서는 스스로를 맑혀가야 한다.
　그러나 중생은 그렇지가 못하다. 중생의 '나'에 대한 사랑은 곧 나에 대한 집착이며, 집착은 순(順)과 역(逆)을 불러 일으킨다. '나'에게 맞으면 탐(貪)하고 '나'에게 맞지 않으면 시기하고 질투하고 배척하고 분노한다.

'나'라는 집착의 울타리를 쳐서 스스로 갇히고, '내 사랑'의 고무풍선을 불며 불며 풍선이 터질 그날까지 무엇인가를 잊고 살아간다. 이처럼 어리석은 '나'의 굴레에 빠져 헤어날 줄 모르는 존재가 중생인 것이다.

불교는 '나'를 찾는 일에서부터

그렇다면 이러한 '나'를 유아독존의 '나'라고 할 수 있는가? 아니다. 참으로 자기를 사랑하는 삶이라 할 수 있는가? 틀림없이 아닐 것이다.

'나'에 대한 물음과 '아니다'라는 대답. 이 속에서 부처님의 가르침은 시작된다. '나'를 찾는 사색과 '나'를 찾는 일. 바로 여기에서부터 불교는 시작되는 것이다.

녹야원(鹿野苑)에서 최초의 다섯 비구를 탄생시킨 석가모니불은 갠지스강 건너에 있는 마가다국으로 다시 발걸음을 옮겼다. 도중에 부처님은 밀림 속으로 들어가 큰 나무 아래에서 좌선을 하고 계셨는데, 마침 이 고장의 상류층 젊은이 서른 명이 그 숲으로 놀러왔다. 저마다 아내를 데리고 왔지만 결혼을 하지 않은 한 젊은이는 기생을 데려올 수밖에 없었다.

그런데 그 기생이 문제를 일으켰다. 다들 놀이에 정신이 팔려 있는 틈을 타, 사람들의 옷가지와 패물 등을 훔쳐 도망쳐버린 것이었다. 뒤늦게 이 사실을 안 젊은이들은 기생을 찾기 위해 숲속을 뒤졌고, 마침내 부처님께서 좌선을 하고 있는 장소에 이르게 되었다. 그들은 부처님께 여쭈었다.

"화장을 짙게 하고 옷가지와 패물을 들고 가는 여자를 보지 못하셨습니까?"

"젊은이들이여, 왜 그 여인을 찾는가?"

젊은이들이 자초지종을 아뢰자 부처님은 그들을 돌아보며 말씀하셨다.

"젊은이들이여, 여자를 찾는 일과 자신을 찾는 일 중에서 어느 쪽이 더 급한가? 여자를 찾는 일과 자기 자신을 찾는 일 중에서 어느 것이 더 중요한가?"

부처님의 한마디 말씀은 젊은이들의 깊은 잠을 깨워 놓았다.

"자기를 찾는 일이 더 급하고, 자기를 찾는 일이 더 중요합니다."

"좋다. 그렇다면 거기들 앉아라."

젊은이들이 예배를 하고 자리에 앉자 부처님은 참된 자기를 찾는 법과 진정으로 자기를 사랑하는 법을 일러주었고, 설법을 들은 서른 명의 젊은이들은 참된 삶의 길을 깨닫고 그 자리에서 모두 출가하였다.

나에게 있어 가장 급한 일은 유아독존의 '나'를 찾는 일이요, '나'를 사랑하는 일이다. 그러나 탐욕과 분노와 어리석음의 불길 속에 갇힌 '나'는 유아독존일 수가 없다. 적어도 가장 소중한 '나'라면 영원하고 행복하고 자유자재롭고 번뇌의 속박에서 벗어난 '나'이어야 한다. 모든 중생은 그렇게 될 수 있다. 내가 '나'에 대한 애착에서 벗어나 참된 '나'를 되찾을 때 그것은 가능해지고, 유아독존의 '나'를 회복해 가질 수 있는 것이다.

천상천하 유아독존!

부처님은 우리 모두가 이렇게 될 수 있음을 보여주셨다. 이 홀로 가장 높은 '나'를 찾기 위해 석가모니는 모진 수행을 하였고, 그 결과 35세의 나이로 부처(Buddha, 覺者)가 되셨다. 그리고 깨달음의 환희 속에서 이렇게 말씀하셨다.

아, 기특하도다. 모든 중생이 다 이와같은 지혜와 덕상(德相)을 갖추었건만, 망상(妄想)에 집착하여 스스로 체득하지 못하는구나. 만일 이 망상의 집착만 여윈다면 바로 일체지(一切智)・무사지(無師智)를 얻게 되는 것을!

부처님은 진아(眞我)를 찾은 분이다. 그 어느 곳에서나 어느 때에나 한번도 '나'를 떠나지 않았던 '나', 누구나 다 갖추고 있는 유아독존의 '나'를 깨달아 부처가 되신 것이다.

이때에 이르러서야 석가모니는 참으로 자기를 올바로 사랑할 수 있게 되었고, 열반의 그날까지 중생들과 함께 하며 참된 '나'를 찾는 방법과 '나'를 사랑하는 방법을 가르칠 수 있었던 것이다.

언제나 '나'와 함께 하는 것

네 종류의 마누라

우리는 부처님처럼 진아를 찾아야 한다. 자기를 진정으로 사랑한다면 무엇보다 먼저 참된 '나'를 찾아야 한다. 참된 '나'를 찾는 것이야말로 우리를 살리는 길이기 때문이다.

그러나 중생에게는 '나'가 많다. 너무나 오래 잊고 살았기 때문에 참된 '나'가 무엇인지를 분명히 알지 못한다. 어떤 사람은 이 몸을 '나'라고 생각하고, 어떤 사람은 마음 또는 정신을 '나'라고 생각하며, 내가 소유하고 있는 모든 것을 '나'라고 하는 이도 있다.

그렇다면 무엇이 참된 '나'인가? 이와 관련된 재미있는 비유담이 있다.

※

옛날, 어느 고을의 나이 20세 된 사내가 이웃 고을의 처녀를 아내로 맞이하였다. 그들은 아주 갓난아기 때 양가 부모가 혼약(婚約)한 사이였으므로 혼인 전에는 서로 얼굴도 성품도 모르고 지냈었다. 그런데 막상 결혼을 하고 보니 신부의 얼굴이 약간 곰보인데다 몸매도 좋지 않고 무뚝뚝한 것이 도통 정이 가지 않았다. 그러나 워낙 가난한 집안인지라, 두 부부는 서로에 대한 불평없이 부지런히 일을 하며 세월을 보냈다.

고진감래(苦盡甘來)라고, 결혼 후 10년이 지나자 집안은 어느 정도 먹고 살 만큼 되었다. 그때서야 남녀간의 달콤한 관계를 그리워하게 된 남편은 인물이 좋은 규수를 얻어 둘째 부인으로 삼았다. 동시에 본부인에 대한 남편의 괄시도 함께 시작되었다.

"당신은 오늘부터 뒤채를 쓰시오. 그것이 싫거든 이 집을 나가든지."

그러나 원래 투기할 줄 모르는 본부인은 뒷방으로 물러나 온갖 구박을 받으면서도 집안 구석구석의 일을 꾸려나갔다. 부엌살림에 논도 매고 밭도 매고, 그야말로 본부인이 아니라 머슴처럼 살았다.

또 10여 년의 세월이 흘렀다. 그동안 더욱 부자가 된 남편은 기방(妓房) 출입을 시작하였다. 특히 눈웃음을 잘 짓는 춘심이라는 기생은 옆에 찰싹 달라붙어 갖은 애교를 다 떨었고, 무엇이든 시키는 대로 다 했다. 그것이 마음에 든 그는 춘심이를 셋째 부인으로 맞이했다. 이제 남부러울 것 없게 된 그였지만, 워낙 욕심이 많았던지라 편히 지낼 생각을 전혀 하지 않았다. 오히려 더욱 열심히 일하며 논밭을 사고 재산을 모았던 것이다.

어느덧 나이 50줄을 넘어선 그는 고을 제일의 부자가 되었고, 남은 생을 편히 즐기며 살기로 작정하였다. 그러나 평생을 돈과 일에 매달려 살았던 탓인지, 멋있게 사는 방법에 대한 묘안이 떠오르지 않았다. 기껏 생각해낸 것이 딸같이 젊고 아리따운 아가씨를 데리고 살면 즐겁지 않을까 하는 것이었다.

때마침 그 고을 최고의 미인이요 애교 만점인 처녀가 불의의 사고로 부모를 잃고 동생들을 돌보며 살고 있었다. 역시 돈은 좋은 것이었다. 많은 돈을 주자, 그녀 또한 그의 것이 되었다. 그는 사는 즐거움을 그녀에게서 찾았고, 넷째 부인 또한 늙은 그에게 미소를 잃지 않았다.

"서방님, 보약 대령이옵니다."
"제 다리를 베고 누우세요. 귀를 후벼 드릴께."
마음에 드는 말과 갖은 아양에 노인은 그렇게 행복할 수가 없었고, 마침내 돈금고와 쌀창고 열쇠까지 넷째 부인에게 모두 넘겨주었다.

그러던 어느날, 노인은 갑자기 병이 들었다. 용한 의원을 데려다가 진맥을 받았더니 더욱 비관적인 말을 하였다.

"여자를 너무 가까이하여 진액(眞液)이 고갈되었으니, 보약으로 몸을 보하기는 하되 아무래도 죽을 준비도 함께 하는 것이 좋겠습니다."

'이제 고을 제일의 부자가 되었고, 마음에 드는 여자도 얻어 즐겁게 살고 있는데 죽어야 하다니……. 염라대왕이 질투하지 않고서야 어찌 이와같은 일이 일어날 수 있는가?'

노인은 그 무엇보다 혼자 염라대왕 앞으로 가는 것이 싫었다. 그래서 눈에 넣어도 아프지 않을 듯한 넷째 부인에게 물었다.

"넷째야, 이제 내가 죽을 날도 멀지 않은 것 같구나. 그런데 그 무서운 염라대왕 앞에 혼자 가기가 너무 싫구나. 너는 그동안 온갖 정성으로 나를 보살피고 사랑했으니 당연히 나와 함께 가주겠지?"

"영감님, 그런 말씀 마세요. 사실 당신이 나를 사랑했지 제가 당신을 사랑한 줄 아세요? 제가 진정으로 사랑한 것은 영감님의 재산입니다. 불쌍한 제 동생들을 먹여 살리고, 영감님 돌아가신 후에 한밑천 얻기 위해 열심히 사랑하는 척 했을 뿐이에요. 어찌 저라고 하여 꽃다운 이 나이에 젊은

남정네와 사랑하고 싶지 않겠습니까? 저는 함께 죽어 저승길을 가지 않으렵니다. 다만 영감님의 빈소 앞에서는 열심히 명복을 빌어 드릴께요."

노인은 그렇게 말하는 넷째 부인이 괘씸하기 짝이 없었다. 하지만 조금도 틀린 말은 아니었다. 그렇지만 혼자 가기는 싫어 셋째 부인을 불렀다.

"내가 이 세상에서 가장 사랑했던 사람은 셋째 바로 너란다. 셋째야, 나랑 같이 죽자."

"이제 와서 무슨 그런 말씀을! 영감은 넷째를 가장 좋아했잖아요. 그애를 데려가세요."

"넷째는 안 가려고 하더구나. 그러니 너라도 따라가자꾸나."

"제가 그동안 넷째 때문에 얼마나 속을 썩었는지 아십니까? 그것을 생각하면······. 그렇지만 그동안 당신 신세를 많이 졌으니 화장막 앞까지만 따라갈께요. 그 이상이야 어떻게 따라가겠습니까? 시뻘건 불구덩이에 함께 들어가는 것은 정말 싫어요."

노인은 다시 둘째 부인을 불렀다.

"둘째야, 셋째·넷째는 나와 함께 가지 않겠다는구나. 너라도 따라가자."

"아이구, 영감. 나는 당신한테 속아서 시집온 것이나 다름없소. 처음에는 한평생 원앙새처럼 부부정을 나누자더니, 셋째·넷째를 들이고부터는 밤낮없이 청소나 시키고……. 이제와서 염라대왕 앞까지 나를 함께 끌고가려 해요?"
"그래 그래. 내가 잘못했다. 그러니 너만이라도 나와 함께 가자."
"…할 수 없지요. 죽으나 사나 당신한테 매인 몸이니… 함께 가고 싶은 마음은 털끝만큼도 없지만 가자고 하니 가겠소. 그렇지만 내가 영감을 따라가고 싶어서 가는 것은 절대로 아니오."
 가고 싶지 않다는 둘째를 억지로 끌고가기도 그러하여 노인은 마지막으로 본부인을 찾았다. 몇 년만의 남편 호출에 지레 겁을 먹은 본부인은 벌벌 떨면서 방문을 열고 한 발을 들여놓았다. 순간 노인의 눈에는 처음 혼인할 때 쪽두리를 쓰고 얌전하게 서 있던 신부의 모습이 겹쳐 보이는 것이었다.
"당신이 나 하나 믿고 시집을 왔는데, 평생 나 때문에 고생만 하고 살았구려."
 노인은 감정이 복받쳐 본부인의 손을 꼭 잡았다. 그동안 궂은 일만 도맡아 했던 본부인의 손은 수세미보다 더 거칠었고 얼굴에는 깊은 주름이, 머리에는 백발이 흩날리고 있었다.
"여보, 정말 미안하오. 그동안 내가 너무 심했소. 용서하구려."

그리고는 자초지종을 이야기했다. 그러자 본부인은 담담한 표정으로 입을 열었다.

"나는 살아도 당신집 사람이요, 죽어도 당신집 귀신, 열녀는 불사이부(不事二夫)라 하지 않았습니까?

당신이 죽으면 나는 살아 있어도 죽은 몸이나 마찬가지입니다. 당신이 가자시면 천리고 만리고 염라대왕 앞이고 무조건 따라갈 터이니 걱정마세요."

본부인의 끝없는 사랑에 감격한 노인은 눈물을 글썽였다.

"여보, 고맙소. 역시 당신뿐이구려."

본부인은 감정에 휩싸인 남편을 찬찬히 바라보다가 자신 있게 말했다.

"그런데 영감, 내가 보기에는 당신이 죽을 것 같지 않은데 무얼 그렇게 걱정하십니까? 여기 누워 보세요."

그리고는 꿀물을 한 사발 타다가 남편에게 먹이고 팔다리를 물껑물껑 주물러주었다. 노인은 온몸이 시원해지는 것을 느끼면서 깊은 잠에 빠져들었다. 그렇게 한숨 푹 자고 일어나니 몸이 거뜬한 게 죽을 것 같지가 않았다. 노인은 네 명의 부인을 불러들였다.

"내 일찍이 《반야심경》을 보았더니 그속에 '원리전도몽상(遠離顚到夢想) 하라.'는 법문이 있었소. '전도된 몽상을 멀리 떠나라.', '몽상 때문에 거꾸로 된 것을 멀리 떠나라.'는 말씀이었지. 이때까지는 그 말의 의미를 깨닫지 못했는데, 오늘의 일을 당하고 보니 사랑할 것을 사랑하지 않고 사랑하지 않을 것을 사랑한 것이 바로 전도몽상임을 깨달았소."

숙연해진 네 명의 부인을 차례로 돌아보던 노인은 넷째 부인에게 시선을 주고 말했다.

"넷째야. 젊디젊은 너를 꼼짝도 못하게 아랫목에 앉혀놓고 '이게 뉘 궁둥인고, 뉘 궁둥인고' 하였으니 얼마나 답답했겠느냐? 그동안 하찮은 늙은이 옆에서 욕 많이 봤다. 내일부터는 나가서 부엌일을 맡아라. 밥도 하고 국도 끓이고 찌개도 만들고 설거지도 해라. 앞치마 입고 소매 걷어붙이고 신바람나게 일해라."

"셋째야. 너는 아직 젊으니까 일꾼들과 함께 논도 매고 밭도 매고 풀도 매도록 해라."

"둘째, 당신은 오십줄을 바라보고 있으니 너무 힘든 일은 하지 말고 집안 청소나 하며 사시오."

"부인! 그동안 참으로 고생 많이 했소. 오늘부터는 넷째가 앉았던 이 아랫목을 차지하고 금고 관리나 하시오. 그리고 비단옷 입고 화장도 하고 건강이나 잘 보살피시오."

그날부터 집안은 완전히 바뀌기 시작했다. 젊은 부인들이 나가 일하니 음식도 좋아지고 농사도 잘 되었으며 집안은 구석구석까지 깨끗해졌다. 뿐만 아니라 늙은 할머니가 아랫목에 앉아 돈금고를 잘 관리하니 재산은 늘어만 갔다. 금고에 돈이 들어가면 살살 빠져나가기만 했던 넷째 부인의 시절과는 달리 본부인이 관리하자 한번 금고로 들어간 돈은 좀처럼 나올 줄을 몰랐다. 금고는 하나씩 하나씩 늘어만 갔고 마침내 이 집안은 백만장자가 되었으며, 노인 내외는 백년해로 하였다고 한다.

아끼고 가꾸어야 할 보배

이상의 이야기는 사람들의 세상사는 모습을 일부다처제 시대의 경황에 비유한 것으로, 이야기 속의 넷째 부인은 세상 사람들이 제일 좋아하는 돈을 가리킨다. 사람들은 돈을 벌기 위해 잠을 줄여가면서까지 몰두를 한다. 사탕이나 꿀물처럼 당장 우리 자신을 달콤하게 만드는 것이 돈이요, 없으면 당장 비참함과 무력함을 느끼게 하는 것이 돈이기 때문이다. 그러므로 사람들이 한평생 돈의 노예가 되어 살아가는 지도 모른다.

그러나 돈이 필요불가결한 것이기는 하지만, 돈은 결코 나의 진정한 반려자가 될 수는 없다. 넷째 부인이 "당신이 나를 사랑했지 내가 당신을 사랑한 줄 아세요?"라고 하였듯이, 사람이 돈을 좋아했지 돈이 사람을 좋아한 것이 아니다. 돈이라고 하면 사람들이 정신없이 달려들었지, 돈이 사람 좋다고 달려드는 경우는 없는 것이다.

인간의 돈에 대한 욕심은 끝이 없다. 가지면 가질수록 더 갖고 싶은 것이 돈이다. 물론 돈만이 그러한 것은 아니다. 이성교제·음식·명예도 다를 바가 없다. 남녀관계도 밝히기 시작하면 끝이 없다. 잘 먹고 잘 입는 것도 끝이 없고 명예나 권력 또한 누려도 누려도 한이 없는 것이다.

다시 한번 우리 자신을 점검해보자.

'나는 지금 참된 자기를 팽개치고 돈의 노예, 쾌락의 노예, 명예나 권력의 노예가 되어 살아가고 있지나 않은지?'

셋째 부인은 아들·딸, 집안 식구, 친척 등을 가리킨다. 부모들은 자식들 때문에 평생을 가슴 조이고 온갖 노력을 기울인다. 하지만 대신 아파주거나 대신 울어주거나 대신 죽어줄 수는 없다. 내가 죽은 다음 화장막의 불 속이나 무덤 속까지 함께 들어갈 가족은 결코 없다는 것이다.

왜냐하면 가족·친척이란 모두가 보이지 않는 업(業)으로 맺어진 관계이기 때문이다. 그러므로 가족에 대한 도리는 다하되, 지나친 기대나 집착을 가져서는 안된다. 오직 내가 베풀 수 있는 사랑, 서로를 살리는 사랑을 나누면서 최선을 다하면 되는 것이다.

그렇다면 둘째 부인은 무엇인가? 바로 나의 몸, 이 몸뚱이이다. 이 몸뚱이는 아무리 잘 먹이고 잘 돌보아도 나이 60이 되기 전에 고물자동차가 되어버린다. 단 10년이라도 더 끌고 다니고 싶다면 곱게 곱게 몰아야지, 험한 길 비포

장도로로 끌고 다니면 금방 고장이 나버린다.

그런데 이 몸뚱이가 죽고 싶어 죽는 경우는 세상 천지에 없다. 수명이 다하고 세상 인연이 다하였으니 할 수 없이 죽어갈 뿐이다. 이렇게 할 수 없이 죽는 것이지, 죽음이 좋아서 사라져가는 몸뚱이가 어디에 있겠는가? 그래서 둘째 부인이 "함께 가고 싶은 생각은 털끝만큼도 없지만, 당신이 가자고 하니 할 수 없이 따라간다."고 한 것이다.

이제 본부인에 대해 알아보자. 본부인은 곧 도(道)를 가리킨다. 돈과 정반대의 입장에 있는 도가 본부인인 것이다.

그렇다면 도가 무엇인가? 마음 닦는 것이 도이다. 나의 참된 마음자리를 살펴보고 자성불(自性佛)을 잘 돌보는 것이 도이다. 그런데 우리는 어떻게 살아가고 있는가? 1년 365일 중 단 하루라도 마음자리를 가꾸며 살아가고 있는가? 아닐 것이다.

대부분의 사람들은 마음자리를 괄시하고 살아간다. 매일같이 돈과 가족과 몸뚱이를 돌보기에 급급하여 마음자리 따위는 아예 무시해버린다. 곧 눈에 보이는 각종 번뇌를 좇아 밖으로 밖으로 헤맬 뿐이다.

집에서 키우던 강아지도 잠시 보이지 않으면 온동네를 돌아다니며 찾기 마련인데, 참된 주인공인 마음부처가 희노애락(喜怒哀樂)·우비고뇌(優悲苦惱) 속에서 수없이 상처받고 시달려도 찾아보기는커녕 한차례 다독거려주는 일조차 마다

하며 살아가고 있다.

 왜 우리들의 삶이 이렇게 되어버린 것일까? 왜 중생들은 끊임없는 행복, 더 큰 자유를 추구하면서도 고통의 삶을 거부하지 못하는 것일까? 피하고만 싶은 고난이 닥쳐와도 무조건 당하고 무조건 받으며 사는 까닭은 무엇일까?

 그 이유는 시작없는 옛적부터 금생에 이르기까지 나의 참된 마음자리를 등지고 살아왔기 때문이다. 둘째·셋째·넷째 부인에게 차례로 빠져서 조강지처인 본부인을 아예 돌아보지도 않는 삶, 몽상 속에 빠져 거꾸로 사는 삶을 살아왔기 때문이다. 내 마음의 청정한 자리, 나의 자성불(自性佛), 내 스스로 갖추고 있는 부처님 자리를 등져버린 채 결코 주인이 될 수 없는 객진번뇌(客塵煩惱)를 좇아 흘러다니고 있기 때문이다.

 이렇듯 참된 주인공인 마음자리를 돌아보지 않고 돈·가족·몸뚱이를 주인으로 삼아 노예처럼 살아왔으니, 어찌 자유가 있겠으며 괴롭지 않을 수가 있겠는가. 참된 '나'를 버리고 부산히 먼지를 일으키는 어리석은 짓을 반복하다 보면, 어느 순간 '나'는 고통과 비애와 불행이 가득한 세상의 한복판에 서 있을 수밖에 없는 것이다.

참된 '나'를 찾는 방법

항상 점검하라

그러나 이제라도 늦지 않았다. 지금부터라도 정신을 바짝 차리고 참된 '나'를 위하면서 살아간다면, 우리의 앞길에는 행복과 사랑과 자유가 가득한 세계가 펼쳐질 것이기 때문이다.

그렇다면 참된 '나'를 찾고 올바로 '나'를 사랑하는 방법은 무엇인가? 그에 대한 부처님의 가르침은 수없이 많다. 중생의 그릇에 따라, 병에 따라 약을 주고 가르쳤기 때문이다. 그러나 수많은 가르침 속에서도 하나의 핵심은 한결같이 흐르고 있다는 사실을 우리는 잊지 말아야 한다.

그 핵심은, '항상 스스로를 돌아보고 마음을 허공처럼 맑게 하라.'는 것이다.

여기에는 두 가지 명제가 숨어 있다. 하나는 그 어떤 것보다 나의 주인공을 끊임없이 돌아보고 끊임없이 찾으며 살아야 한다는 것이고, 둘째는 '비우라'는 것이다. 먼저 첫번째 명제부터 살펴보자.

중국 송나라 초기, 단구(丹丘)의 서암에 살았던 서암 사언(瑞巖 師彦) 스님은 날마다 판도방(辦道房. 큰 방) 앞마루에 걸터 앉아 먼 산을 바라보면서 자문자답하였다.

"주인공아!"
"예."
"정신차려라[惺惺着]."
"예."
"뒷날에도 남에게 속지 말아라."
"예."

서암 스님이 매일같이 부르고 답한 주인공. 이 주인공은 우리가 본래부터 지니고 있었던 근본자리이며, 부모 태중(胎中)에 들어가기 전의 참된 모습이다.

우리는 이 주인공과 함께 살아왔고 지금도 이 주인공과

함께 살고 있다. 이 주인공은 우리를 잠시도 떠난 적이 없었다. 그러나 우리는 이 주인공을 잊으며 살아가고 있다. 너무 가까이 있기 때문에, 아니 조그마한 간격도 없기 때문에 잊고 사는지도 모른다. 바로 이 주인공을 잊지 말고 점검하면서 살아야 하는 것이다.

그 구체적인 방법으로는 참선·기도·간경(看經)·주력(呪力) 등의 방법이 있고 그중에서도 참선을 으뜸가는 수행법으로 보고 있다. (수행법에 대해서는 앞으로 차례로 살펴보고자 하며, 여기서는 생략한다.)

물론 지금 당장은 주인공을 돌아보는 것도, 참선 수행도 잘 안될지 모른다. 그러나 부처님의 법과 인연이 주어진 이때 힘써 닦으면, 지금은 닦기 어려운 행일지라도 닦아 익힌 힘이 쌓여 차츰 어렵지 않게 된다. 부처님을 비롯하여 이전에 도를 이룬 분들 중 범부(凡夫) 아니었던 이가 어디 있었던가?

오직 부처님의 가르침에 따라 주인공을 돌아보며 꾸준히 정진해보라. 좋은 날은 반드시 돌아오기 마련이다. 아니, 수행하는 그날 그날이 모두 좋은 날로 바뀔 수 있다. 모든 것은 나에게 달려 있다. 용기를 잃지 말고 정진해야만 한다.

비우고 또 비워라

두번째 명제인 '비우라'는 것은 마음속의 잡된 생각을 비우라는 것이다. 많고 많은 사람들, 과거의 부처님과 수많은 조사(祖師)들은 불문(佛門) 속에서 도를 이루었다.

부처님의 세계로 들어가는 불문. 그 첫번째 관문(關門)을 우리는 일주문(一柱門)이라고 한다. 기둥을 일렬로 세워서 만든 대문이라 하여 일주문이라 한 것이다. 이 일주문에는 문짝이 달려 있지 않다. 그냥 뻥 뚫려 있다. 이러한 이유 때문에 일주문을 달리 공문(空門)이라고도 한다.

공문은 뻥 뚫려 있기에 누구나 자유롭게 출입할 수 있다. 가난한 사람, 부유한 사람, 죄많은 사람, 깨끗한 사람을 구분하지 않는다. 들어오고자 하는 사람은 들어올 수 있고, 나가고자 하는 사람은 마음대로 나갈 수 있다. 이렇게 누구에게나 열려 있는 문이 공문인 것이다.

그러나 이 문을 통과하여 부처님의 경지로 나아가고자 하는 이에게는 단 한 가지 제약이 주어진다. 잡된 생각을 텅 비우고 참된 주인공을 찾겠다는 한마음을 잘 다져서 이 문을 들어서라는 것이다. 비록 문짝을 달지 않아 뻥 뚫려 있는 공문이지만, 그 잡된 생각들이 공문을 메워 유문(有門)으로 만들어버리기 때문이다.

그렇다면 잡된 생각이란 무엇인가? 탐욕과 분노와 어리석음의 삼독심(三毒心), 재욕(財欲)·색욕(色欲)·식욕(食欲)·

명예욕(名譽欲)·수면욕(睡眠欲) 등 오욕락(五欲樂)이 그것이다. 이들에 의해 사랑에 걸리고 재물에 걸리고 명예에 걸리고 감정에 휘말리게 되면, 어느새 공문의 기둥과 기둥 사이에서 문짝이 생겨나와 유문으로 바뀌어버린다. 그리고 출입을 막기 위해 스스로 빗장을 굳게 걸어버리는 것이다. 그러므로 무엇보다 먼저 놓아버리고 비워버릴 줄 알아야 한다. 탐착하고 있으면, 꼭 담고 있으면 결코 공문을 통과할 수가 없다. 이제 이를 일깨우는 부처님 당시의 이야기 한 편을 음미하면서 끝맺음을 하여보자.

어느날 흑씨(黑氏) 바라문은 신통을 부려서 만든 합환오동(合歡梧桐)꽃 두 송이를 양손에 들고 와서 부처님께 바치고자 하였다. 그때 부처님은 조용한 음성으로 흑씨 바라문을 불렀다.
"선인(仙人)아!"
"예, 부처님."
"버려라."
흑씨 바라문이 왼손에 든 꽃송이를 버리자 부처님은 다시 말씀하셨다.
"선인아, 버려라."
이번에는 오른손에 든 꽃송이도 버렸다. 그러나 부처님은 다시 말씀하셨다.

"선인아, 버려라."

"부처님, 저의 두 손은 이미 비었습니다. 다시 무엇을 버리라 하시나이까?"

"나는 너에게 그 꽃을 버리라고 한 것이 아니다. 너의 마음에 가득 차 있는 번뇌망상을 일시에 버려서 더 이상 버릴 것이 없게 될 때 생사를 면하게 되느니라."

부처님의 이 말씀 끝에 흑씨 바라문은 대오(大悟)를 하였다.

부처님께서 흑씨 바라문에게 말씀하신 '버려라'. 이 한마디야말로 공문으로 들어가는 지름길이다. 어찌 참된 해탈과 진리를 밖에서만 구할 것인가?

놓아버리자.

비워버리자.

놓아버리고 비워버릴 때 모든 고통과 장애가 사라지고 해탈의 세계, 부처님의 정토(淨土)가 우리들 앞에 펼쳐지는 것이다.

이제 전체의 내용을 다시 한번 정리하고자 한다.

우리는 과연 무엇을 위하여 살아야 하는 것인가? 돈·명예·쾌락·육체? 아니다. 그것 이전에 참된 나의 주인인 마음자리를 위하면서 살아야 한다. 그리하여 '나' 속에 있는 천상천하 유아독존을 회복해 가져야 한다. 우리 모두의 소원처럼, 더 이상은 괴롭고 어리석게 살지 말고 행복하고 지혜롭게 살아야 한다.

그렇게 사는 데 필요한 묘법(妙法)은 따로 있는 것이 아니다. 항상 주인공을 점검하고 내 속의 구정물을 비우면서 사는 것 외에는 다른 방법이 없다.

이를 부디 명심하여, 우리 모두 영원과 행복과 자유와 청정이 깃든 세계를 향해 노를 저어가야 하리라.

제2장

복된 삶을 이루기 위하여

전생의 일을 알고자 하는가?
금생에 받는 삶이 그것이다.
내생의 일을 알고자 하는가?
금생에 짓는 선악이 그것이다.

윤회와 인과를 믿어라

   고해(苦海)의 파도를 타고 출렁이는 중생은 누구나 행복을 원한다. 사바세계! 참지 않고서는 살아갈 수 없는 세계(堪忍世界), 잡된 인연으로 얽히고 섞여 있는 회잡세계(會雜世界)에 몸을 담고 있는 중생이기에 행복을 추구하며 살아가는 것 자체가 너무나 당연한 일인지 모른다. 그러나 대부분의 사람들은 그 당연한 바람을 이루지 못한 채 한평생을 고해 속에서 헤매다가 죽음을 맞이하고 만다.
   왜 이렇게 살다가 죽어야 하는 것일까? 고해를 벗어나 복된 삶을 영위할 수는 없는 것인가?
   아니다. 누구나 행복이 충만된 삶을 누릴 수 있다. 행복만이 아니라, 영원과 자재로움과 맑은 삶을 얻는 비결도 있다. 실제로 부처님께서는 이 비결에 따라 가장 완벽한 해탈을 이루셨고, 한평생 동안 복된 삶을 이루는 방법을 일러주셨다. 이제 그 많은 가르침 중 특별히 두 가지를 뽑아 함께 살펴보도록 한다.

오늘은 어제의 연장, 내일은 오늘의 상속

전생의 일을 알고자 하는가?
금생에 받는 삶이 그것이다.
내생의 일을 알고자 하는가?
금생에 짓는 선악이 그것이다.

欲知前生事
今生受者是
欲知來生事
今生作者是

오늘은 어제의 연장이요 내일은 오늘의 상속이다.
전생은 금생의 과거요 내생은 금생의 미래이다.
사람들은 어제를 돌아보고 내일을 기약하며 오늘을 살아가고 있다. 그렇지만 전생을 생각하고 내생을 바라보며 금생을 살아가는 이는 흔치 않다.

왜 어제는 돌아볼 줄 알면서 전생은 묵살하고, 내일은 기약하면서도 내생은 잊고 사는 것일까? 그것은 전생과 내생이 보이지 않기 때문이요, 지금 이 순간에 너무 집착하며 살고 있기 때문이다.

그러나 과거와 현재와 미래가 있는 이상 전생·금생·내생의 삼세윤회(三世輪廻)는 반드시 있다. 왜냐하면 삼세윤회는 인(因)·연(緣)·업(業)·과(果)의 넷으로 구성된 필연적 법칙이기 때문이다.

인연업과(因緣業果).

'인'은 씨앗(因子)이요 '연'은 연지(緣地), 곧 씨앗이 뿌려지는 밭이며, '업'은 밭에 뿌린 씨앗이 결실을 볼 때까지 가꾸는 행위이다. 이렇게 인과 연과 업이 모이면 결과는 자연 '성(成)'일 수밖에……

씨가 좋고 밭이 좋고 농사를 잘 지었으면 복을 많이 받을 것이고, 나쁜 씨를 나쁜 밭에 뿌리고 가꾸는 일을 게을리했다면 수확이 나쁜 것은 정한 이치이다. 심은 대로 거두고 지은 대로 받는 것이니, 선인선과(善因善果) 악인악과(惡因惡果), 이것이 사바세계의 생리(生理)이다.

장수의 비결

언젠가 텔레비전에서 <장수만세>라는 프로를 보았는데,

아나운서가 80이 넘은 한 노인에게 질문하였다.
"장수의 비결이 무엇입니까?"
"우리 마누라 속을 썩이지 않는 것이 저의 장수 비결입니다."

이 대답에 관람하던 모든 사람들이 박장대소를 하였다. 그냥 우스갯소리 같은 이 말 속에 깊은 생활철학이 담겨 있음을 느낄 수 있다.

왜? 사람이 한평생 살아가는 데 있어 부부보다 더 가까운 사람은 없다. 부부는 모든 일을 함께 의논하며 살아간다. 부부는 한몸이다. 가장 친하고 서로를 아껴주는 이가 부인이고 남편인 것이다.

이와같이 한몸이나 다를 바 없는 부인의 속을 썩이지 않는다면 남편의 마음도 그만큼 편안할 것이다. 또 남편 때문에 속상할 일이 없는 부인은 항상 즐겁고 평화롭고 따스한 마음을 갖추게 될 것이다. 자연히 음식도 정성껏 만들고 때때로 정성껏 달인 보약도 대령할 것이다. 어찌 남편이 건강해지지 않을 수가 있겠는가?

이와는 반대로 부인의 속을 썩히면 화가 머리 끝까지 올라 음식도 아무렇게나 할 것이고, 설사를 하든 체하든 나하고 무슨 상관이냐는 식으로 할 것이다. 그렇게 되면 자연히 남편의 마음마저 불편하여 하는 일까지 시원스럽게 풀리지 않게 되고 말 것이다.

진정 '마누라 속을 썩이지 않는 것이 장수의 비결'이라고 한 그 노인의 말이 명답이 아닐 수 없다. 곧 마누라 속을 썩이지 않는 것은 인(因)이요, 장수는 과(果)인 것이다. 이와같은 인과의 법칙은 우리의 일상생활 속에서 한치의 어긋남이 없이 작용하고 있다.

창조론·우연론·숙명론이 아니다

우리는 분명히 알아야 한다. 이 세상의 모든 것 가운데 인연과 인과의 법칙을 벗어난 것이 하나도 없다는 것을! 반드시 어떤 원인에 의해 결과가 나타나는 것일 뿐, 원인 없는 결과란 있을 수 없는 것이다.

밥을 먹다가 혀를 깨물게 되면 우연으로 돌려버리기 일쑤지만, 의학적으로 살펴보면 혀를 깨무는 것조차도 분명한 까닭이 있다고 한다. 우리 몸에 흐르고 있는 피가 오장육부(五臟六腑)를 순환하다가 어떤 이상을 일으키면 맥박이 불규칙하게 뛰고, 불규칙한 맥박이 신경계통에 자극을 주면 이가 혀를 깨물게 되는 것이다.

왜? 하필이면 바로 그 순간 맥박에 이상이 생기고 신경이 잘못되는 것인가? 이 모두가 인과의 맥락에서 보면 결코 우연일 수가 없는 것이다.

나아가 불교에서는 우주의 생성과 유지와 변화, 인생의

모든 것을 인과관계로 풀이하고 있다. 따라서 인과의 도리를 벗어난 우연론이나 전지전능한 창조주에 의한 창조론은 수용하지 않고 있다. 진정 우리가 살고 있는 이 세계가 어떻게 하다가 우연히 생겨난 것이라면 인과의 원리에 따라 전개될 수가 없다.

그리고 전지전능한 신이 우주만유와 생명계를 창조하였다면, 우리가 암흑과 죄악, 약육강식의 공포 속에서 살아가야만 하는 불행을 겪지 않아도 될 것이다. 만약 신이 잠깐의 실수로 세계를 잘못 창조하고 잘못 관리하여 이렇게 되었다면 그 전지전능한 힘으로 다시 개조하고 재창조할 수 있어야 하지 않겠는가? 그러나 유감스럽게도 우리가 살고 있는 우주와 역사의 현실은 그렇지가 않다. 그렇다면 이 세계가 전지전능한 신의 창조가 아니라는 결론을 내릴 수밖에 없다. 인류의 역사, 우리의 현실이 신의 창조가 아니라는 것을 분명히 인식시켜주고 있는 것이다.

그렇다고 하여 불교의 인과론이 세상에서 흔히 말하는 숙명론이나 운명론과 같은 것은 결코 아니다.

운명론이나 숙명론의 입장에서 보면 모든 사람의 운명은 태어날 때부터 결정되어 있다고 한다. 곧 사주팔자대로 산다는 것이다. 따라서 우리 스스로의 자율적인 의지와 창조적인 노력이 아무리 강할지라도 삶의 흐름을 바꾸어놓을 수는 없다고 주장한다. 과연 그렇다면 이 세상에서 열심히 살자가 몇이나 되겠는가? 이것은 불교의 인과론과는 완전히 다른 것이다.

불교의 인과론은 모든 것을 자신에게로 돌리고 있다. 나의 행위가 원인이 되어 나의 삶이 있게 되었다는 것이다. 오늘 내가 받고 있는 이 결과는 어제의 행위가 원인이 되었고, 오늘 내가 짓는 행위는 내일의 결과를 낳게 된다는 것이다. 다시 말하면, 불교의 인과론은 내일을 창조하고 오늘의 과오와 고뇌를 근원적으로 개조하기 위한 인과론이다. 곧 보다 적극적인 삶, 보다 멋진 삶의 길을 열어주고 있는 것이 불교의 인과론인 것이다.

그러나 눈에 보이는 것만 '있다' 하고 보이지 않는 것은 '없다'고 하는 사람들은 인과응보와 윤회를 쉽게 믿으려 하지 않는다. 하지만 만물은 보이지 않는 가운데 자라나고 있고 모든 것은 모르는 사이에 무르익어가고 있다.

삼세의 인연 또한 시간과 공간의 파장(波長)으로서, 전생에 하던 일과 생각했던 일을 금생에도 하게 되고, 금생에 하는 일과 생각하는 일은 내생으로 연장 확대되어 간다.

실제로 전생에 도를 많이 닦은 사람은 현세에서도 어려움 없이 도를 닦아 이루고, 전생에 예술을 깊이 익혀 영감을 기른 사람은 현생에서 특별히 예능 공부를 하지 않았는데도 이름난 예술가가 된 사례들이 허다하게 전해지고 있다.

인연따라 생겨나고 인연따라 사라지는 종연생(從緣生) 종연멸(從緣滅)의 법칙! 이는 만고불변의 철칙인 것이다. 이제 인과응보와 윤회를 증명하는 실화 한 편을 음미해 보도록 하자.

윤회의 실체와 인과법을 깨닫고 출가한 제선스님

지금은 누구도 그분의 생사여부를 알지 못하지만, 이 시대의 고승 중 제선(濟禪)스님이란 분이 계신다.

스님은 출가하기 전, 일본에 유학하여 대학을 다니면서 독립운동에 참여하였는데, 졸업 후 제주도로 돌아와서 하는 일 없이 지내자 일본경찰들이 요시찰인물(要視察人物)로 지목하여 감시를 늦추지 않았다. 때마침 집안 어른들은 적당한 규수가 있다며 결혼을 시켰고, 얼마 후 잘생긴 아들을 품에 안을 수 있게 되었다.

'아무리 뜯어보아도 나무랄 데 없는 놈이야. 이 아이를 나라의 재목으로 키워야지!'

아들에게 특별한 정을 느꼈던 그는 아들을 지극정성으로 키웠다. 옷도 먹는 것도 제일 좋은 것들로만 사주면서 애지중지 키웠다. 그런데 아이가 초등학교에 입학하고 며칠이 지났을 때, 잘 놀던 아이가 갑자기 "아야!" 하더니 탁 쓰러져서 영영 깨어나지 않는 것이었다.
 그는 아이의 시체를 안고 몇날 며칠 동안 밥도 먹지 않고 눈물로 지새웠다. 날이 갈수록 그의 우울증은 커졌고 집안은 엉망이 되어갔다. 보다 못한 어머니가 분위기를 바꾸면 좋아지지 않을까 하는 생각에서 돈을 주며 여행할 것을 권하였다.
 "금강산 구경이나 다녀오너라."
 그러나 금강산을 가기는커녕 서울에서 내기 바둑을 두다가 받은 돈 모두를 날려버렸다. 어차피 특별한 의욕이 없었던 그는 노동판에서 일도 하고 구걸도 하며 이곳 저곳을 떠돌아다녔다. 그럭저럭 그의 발길은 묘향산에 이르렀고, 그곳에서 넓은 감자밭을 일구며 토굴살이 하는 노스님을 만나게 되었다. 토굴에서 며칠을 붙어 살다가 스님과 가까워지자 그는 아들을 잃은 이야기를 들려주었다.
 "그런데 스님, 그 아이가 왜 그렇게 죽어버린 것일까요? 그 까닭을 알지 못하고는 제대로 살 수 없을 것 같습니다."
 "그것 알아보는 것이야 간단하지. 7일만 잠 안자고 기도하면 금방 알 수 있어."
 "정말입니까?"
 "만일 그렇게 해서 기도성취 못하면 내 목을 베어라. 아니, 부처님 목도 떼어버려라."
 "좋습니다."

그날부터 기도는 시작되었다.

"관세음보살 관세음보살……."

평소 아들 생각에만 빠지면 잠자지 않고 며칠을 지새던 그였는데, 이상하게도 기도를 시작하자 잠이 마구 퍼붓기 시작하는 것이었다. 그러나 스님은 그의 졸음을 허용하지 않았다. 조금만 졸면 언제 나타났는지 주장자로 머리를 탁 때리면서 호통을 치곤 하셨다.

"때려 치워라. 벌써 졸았으니 소용없어. 기도성취 보려거든 다시 시작해."

며칠 동안 졸고 혼나고 졸고 혼나기를 거듭한 그는 '먼저 잠 안자는 연습부터 해야겠다.'는 결심으로 깡통을 두드리며 감자밭 주위를 돌아다니기 시작했다.

"관세음보살 관세음보살……."

그렇지만 졸음을 이기기는 쉽지가 않았다. 어떤 때는 밭두렁에서 떨어져 거꾸로 처박힌 채 잠에 골아떨어지기도 하였다. 깨고나면 목이 퉁퉁 부어 있고……. 이렇게 갖은 고생을 하며 잠과 싸운지 42일째 되는 날, 물건들이 커 보이기도 하고 작아 보이기도 하는 등 시야는 흐렸지만 잠은 오지 않게 되었다.

"오늘부터 다시 기도를 시작해라."

스님의 지시대로 그는 7일 동안 잠을 자지 않고 관세음보살을 끊임없이 불렀다. 하지만 아들이 죽은 까닭을 알 수 없었다.

'속았구나. 부처도 관세음보살도 원래 없는 것이구나.'

이렇게 생각하니 성이 나서 불상의 목을 떼겠다며 불단 앞으로 가다가 탁자에 소매가 걸려 앞으로 넘어졌다.

바로 그 찰나, 아들이 그의 앞으로 다가오고 있었다. 너무나 반가워 안으려 하자 아들은 '히—' 웃으며 저만치 물러서는 것이었다. 무거운 발걸음을 옮겨 겨우 다가가면 또 도망가버리고 도망가버리고……. 마침내 그는 화가 머리끝까지 치솟았다.

'저런 놈은 아예 없애버려야 한다. 저놈을 어떻게 할까? 돌멩이로 머리를 쳐버릴까보다!'

이렇게 못된 생각까지 하다가 아이의 엉덩이를 발로 차자, 아이는 '아야!' 소리를 지르며 뒤로 돌아서는데, 순식간에 개로 변하는 것이었다. 순간 그의 뇌리로 일본에서의 유학시절이 주마등처럼 스치고 지나갔다.

대학을 다닐 때 머물렀던 친척 아저씨 집에는 개가 한 마리 있었다. 개는 그를 열심히 따랐을 뿐 아니라 말귀도 매우 밝았다. 산책을 갈 때도 극장 구경을 갈 때도 개는 열심히 쫓아왔다.

"너는 극장에 못들어간다. 집에 가 있다가 나중에 오너라."

그러면 개는 집으로 갔다가 그가 극장에서 나올 시간에 맞추어 다시 와서 좋다고 매달리는 것이었다.

그렇게 영리하던 개가 어느날 갑자기 병이 들어 통 먹지를 않았다. 얼마 더 지나 뼈만 앙상하게 남아 곧 죽을 것처럼 되자, 친척 아저씨는 개를 버리기로 마음먹었다.

"도시 한복판에서 개가 죽으면 재수없다. 상자에 실어서 교외로 가지고 나가 버려라."

할 수 없이 개를 담은 상자를 자전거에 싣고 교외로 나간 그는 숲속에 상자를 내려놓고 개에게 말하였다.

"나는 너를 버리고 싶지 않지만 어쩔 수 없구나. 네가 죽을 병이 들어 밥도 먹지 않으니……. 여기 있다가 편안하게 죽어라."

순간, 개는 눈물을 뚝뚝 흘렸다. 가슴이 아팠지만 일어서서 자전거를 끌고 돌아서는데, 개가 '왕' 소리를 지르며 쫓아오는 것이었다. 비실비실 쫓아오다가 쓰러지고, 쫓아오다 쓰러지고……. 어느덧 날도 저물어 교외의 어떤 집에 들어가서 하룻밤 신세를 지기로 하였는데, 거기까지 쫓아온 개는 그의 곁에 바싹 붙어 떨어지려고 하지 않았다. 마치 '나를 버리고는 못간다.'는 듯이.

마침 바싹 마른 개를 측은하게 여긴 그 집 주인은 장국에 밥을 말아주었고, 이제까지 먹지 않던 개가 기운을 차려야겠다고 결심한듯 그릇까지 싹싹 핥아먹었다. 그리고 이튿날

아침에도 장국 한 그릇을 말끔히 먹어치우고는 병이 나은 듯이 움직이기 시작했다.

그가 자전거를 타고 달리기 시작하자 개는 죽을 힘을 다하여 뒤를 따랐다. 천천히 달리면 천천히, 빨리 달리면 빨리 쫓아오는 것이었다. 그러다가 개가 포플러나무에 오줌을 누는 틈을 타서 그는 힘껏 자전거를 몰았다. 최대 속력을 낸 결과 개를 따돌릴 수 있었다.

그런데 세 달이 지난 후, 그 개가 집으로 돌아온 것이었다. 학교가 파하고 돌아와보니 개가 와 있었고, 개는 섬뜩한 눈빛으로 그를 계속 쏘아볼 뿐 만지는 것도 옆에 오는 것도 허락하지를 않았다. 그렇게 한 주일 정도 집에 있다가 개는 다시 사라져버렸다.

"아하, 그 개가 나의 아들로 태어나서 제 찢어진 마음의 앙갚음을 하였구나!"

이렇게 인과의 법칙을 깨닫고 가야산 해인사 백련암으로 출가하여 승려가 된 제선스님은 열심히 참선 수행을 하여 높은 경지를 이루었고, 나이 60이 조금 못되었을 때 천축산 무문관(無門關)으로 들어가 방 밖으로 한 발자국도 나오지 않고 6년 동안 정진하였다. 그런데 6년을 며칠 앞두고 행방불명이 되었다. 한 거사가 스님의 수행을 자랑한답시고 TV 인터뷰를 강요하자 자취를 감춘 것이었다.

현재까지 그 누구도 생사여부를 알지 못하는 제선스님. 이 제선스님의 인연 이야기처럼 세상의 모든 일은 우연히 이루어지는 것이 없다. 또한 윤회와 인과응보에 대한 실증(實證)은 옛부터 무수히 전하여지고 있으며, 오늘의 우리 주위에서도 얼마든지 찾아볼 수 있다. 실제로 나의 주변에서 전생과 인과를 체험한 사례들도 많이 있다. 이러한 이야기들을 함께 엮어 이미 ≪시작도 끝도 없는 길≫이란 제목으로 책을 내었으므로 여기서는 더 이상의 예를 들지 않기로 한다.

불교의 첫걸음은 인과에 대한 믿음에서 시작된다. 확실히 인과를 믿고 좋은 인연을 맺으며 살아보라. 세상은 새롭게 전개되고, 활기찬 인생이 우리 앞에 전개될 것이다.

이제 장을 달리하여 인생을 새롭게 바꾸는 비결에 대해 논하여 보기로 하자.

기꺼이 받아들일 때 업은 녹는다

　인과의 법칙 따라 업에 얽매여 사는 사람들……. 그렇다면 인간은 업과 윤회의 굴레에서 영원히 벗어날 수 없는 존재인가? 아니다.
　이 몸을 자동차에 비한다면 이 몸을 운전하는 운전수가 있다. 자동차를 움직일 수 있도록 하는 운전수, 이 몸을 끌고 다니는 '참 나'가 있는 것이다. 이 '참 나'를 바르게 쓰고 '참 나'를 분명히 찾으면 윤회와 업의 굴레에서 벗어날 수 있다.
　자동차가 달라져도 주인은 그대로이듯, 우리는 업을 따라 차종만 바꿀 뿐이다. 궂은 업을 지었으면 궂은 차를 타고,

좋은 업을 지었으면 좋은 차를 타기 마련이다. 그것도 잠시 동안을······.

그런데도 사람들은 지은 업은 돌아보지 않고 좋은 차만을 고집한다. '나라고 하여 궂은 차를 타야 할 이유가 없다.'는 것이다. 이 때문에 문제는 더욱 커진다. 기꺼이 받으면 업이 저절로 녹아내릴 수 있는데도 억지 탈바꿈을 추구하다가 더욱 궂은 업을 짓게 되고 만다. 이렇게 하는 이상 자유와 행복은 나의 것이 될 수 없다. 시작도 끝도 없는 윤회의 길 속에서 한없는 괴로움을 짊어지고 살 수밖에 없는 것이다.

기꺼이 받는 삶!

바로 이 비결이 모든 업장(業障)을 소멸시키고, 업장이 소멸되면 고통의 삶은 기쁨의 삶으로 바뀐다. 그러나 교리적인 설명을 통해서보다는 있었던 사실을 이야기하는 것이 이해에 더 많은 도움을 줄 수 있을 것이다. 그러므로 몇 가지 사례를 들어 현실을 기꺼이 받아들이는 삶을 생각케 하고자 한다. 먼저 나의 어머니인 성호비구니의 예를 살펴보기로 하자.

성호비구니의 업보

1940년대 전반기 우리 집안 43인이 모두 출가한 직후에 있었던 일이다. 출가 전부터 절에 가시기를 좋아하였고 절 살림살이 마련해주기를 좋아하였던 나의 어머니 성호(性浩)비구니는 출가 후에도 절 살림살이 마련에 힘을 기울였다.

그 당시에 머물렀던 대구 동화사(桐華寺) 내원암(內院庵)은 거의 무너지다시피한 아주 가난한 절이었기 때문에, 어머니는 가실 때마다 바가지와 작은 그릇, 단지 등 필요한 살림살이를 수시로 사서 날랐다.

어느날 갖가지 살림살이를 소달구지에다 가득 싣고 내원암으로 올라가는데, 짐끈을 제대로 묶지 않아 실은 물건이 덜거덕 덜거덕 흔들리는 것이었다. 어머니는 수레를 세우고 수레바퀴 옆에 바짝 붙어서서 끈을 다시 묶었다.

그런데 가만히 있던 소가 갑자기 앞으로 달려나갔고, 미처 몸을 피하지 못한 어머니의 발등 위로 수레의 바퀴가 넘어간 것이었다. 그 당시의 수레바퀴는 지금의 고무바퀴와는 달리 나무에다 쇠를 두른 아주 딱딱한 것이었다. 빈 수레라 하여도 무거운데, 거기다 짐을 실었으니 그 무게가 오죽하였으랴! 연한 두 발이 사정없이 바스러지는 순간, 어머니는 기절하여 대구 동산병원에 실려가셨다.

우리 가족들이 걱정을 하며 입원실을 찾아갔을 때, 어머니는 혼자서 싱글싱글 웃고 계시는 것이었다.
"어머니, 아프지 않으십니까?"
"두 발등이 다 부서졌는데 안 아프면 되는가?"

가히 백천겁이 지나더라도
한번 지어 놓은 업은 없어지지 않나니
인연이 닥쳐오면
그 과보를 면할 수가 없느니라

假使百千劫
所作業不亡
因緣來遇時
果報難免矣

처녀시절 사서삼경(四書三經)을 모두 읽으신데다 말씀도 잘하시고 문장도 잘 하셨던 어머니는 아픈 중에도 이 게송을 읊으시면서 자꾸 빙그레 웃으시는 것이었다. 어리둥절해 하는 가족들에게 어머니는 웃는 까닭을 말씀하셨다.
"나는 발등을 다쳐 기절을 하는 바로 그 찰나에 닭 한 마리가 퍼덕퍼덕 날개를 치며 달아나는 것을 보았다.
3년 전에 할아버지가 집에 오셔서 점심 진지상을 차리는데, 부엌 안으로 닭 한 마리가 들어와서 먹을 것을 찾아 왔다갔다 하며 목을 넘실거리더구나. 그래서 닭을 쫓기 위해 아무 생각 없이 부지깽이를 던졌는데, 그만 닭다리에 정통으로 맞아 다리 둘이 몽땅 부러져 나갔단다. 닭은 크게 소리내 울면서 두 다리가 간댕간댕한 상태로 황급히 밖으로 날아 나갔지……."

 기절하는 순간 닭이 달아나는 영상을 본 어머니는 직감적으로 '그때의 닭이 죽은 다음 지금의 저 소가 되어 악연을 갚는 것'임을 느꼈다는 것이다.

 "내가 그때 닭의 다리를 일부러 부러뜨린 것이 아니듯이 저 소도 일부러 내 발등을 부러뜨리려 한 것은 아닐 것이다. 아마도 벌이 달려들자 피하기 위해 갑자기 수레를 끌었을 것이야. 평소 때였다면 소 모는 일꾼에게 그릇들이 움직이지 않게 끈을 좀 잘 조여달라고 하였을텐데, 과보를 받을 때가 되어서인지 이상하게 직접 끈을 조여매고 싶어졌거든! 이렇게 인과가 분명할 데가 어디 있느냐? 3년 전에 지어놓은 업을 이렇게 빨리 받았으니 그 전에 지은 죄업도 어지간히 갚아진 것 아니겠니. 나는 얼마나 기쁜지 모르겠다."

 이러한 마음가짐 때문인지 한 달 남짓 병원에서 치료하자 바스러진 발등이 완전히 붙었으며, 돌아가실 때까지 발이 아프다는 말씀은 한번도 듣지 못했다.

운명이라면 기꺼이 받으리

옛날 한 순간에 집안이 몰락하여 거지가 된 이가 있었다. 보통 거지는 문전걸식하며 하루 끼니를 얻기 마련인데, 이 거지는 어떻게나 복이 없었던지 동냥을 다니면 밥을 얻기는 커녕 몽둥이 찜질을 당하거나 개에게 물리기 일쑤였다. 하는 수 없이 그는 주린 배를 달래기 위해 남의 집 쓰레기 더미를 뒤져 먹을 것을 찾았다.

그렇게 기막히고 비참하게 살아가던 어느날, '차라리 죽는 것이 낫다.'고 생각한 그는 마을 뒷산으로 갔다. 밧줄로 올가미를 만들어 소나무 가지에 묶고 목을 매려는 순간, 갑자기 허공에서 호통치는 소리가 들려왔다.

"쓰레기 열 포대 먹을 업을 지은 놈이 어찌 세 포대밖에 먹지 않고 죽으려 하느냐!"

아직 일곱 포대의 쓰레기를 더 먹어야 하니 죽을 수도 없다는 것이었다. 환청과도 같은 허공의 소리에 거지는 깨달음을 얻었다.

"어차피 열 포대를 먹어야 할 운명이라면 빨리 찾아먹자."

그날부터 거지는 조금도 운명을 탓하지 않고 열심히 남의 집 쓰레기통을 뒤져 먹을 것을 찾았다. 그런데 한 포대분을 채 찾아 먹기도 전에 거지는 우연히 만난 귀인의 도움을 받아 전처럼 잘 살게 되었다.

'기꺼이 받겠다.'는 자세가 한 포대도 다 찾아먹기 전에 나머지 일곱 포대의 업을 녹여버린 것이다.

아무리 현실이 괴롭더라도 '기꺼이 받겠다.'는 마음가짐으로 참고 견디면 나쁜 업은 더 빨리 소멸되기 마련이다. 이렇게 하여 과거의 나쁜 업이 다 녹아 죄가 없어지면 복이 생기고[罪滅福生], 복이 깃들면 마음이 신령스러워지지 않을 수 없는 것이다[福之心靈].

마지막으로 역사에 기록된 인물 이야기를 하나 더 하고자 한다.

배도와 배탁 형제의 선행

중국 당나라 때 배휴(裵休)라는 유명한 정승이 있었다. 그는 쌍둥이로 태어났다. 그것도 등이 맞붙은 기형아로 태어나자 부모가 칼로 등을 갈라 살이 많이 붙은 아이를 형으로, 살이 적게 붙은 아이를 동생으로 삼았다. 부모는 형과 동생의 이름을 '度'자로 짓되, 형의 이름은 '법도 도(度)'로 하고 동생은 '헤아릴 탁(度)'이라고 불렀다. 배휴는 어릴 때의 형인 배도가 장성한 다음 지은 이름이다.

　어려서 부모를 여읜 배도와 배탁은 외삼촌에게 몸을 의탁하고 있었다. 어느날 일행선사(一行禪師)라는 밀교의 고승이 집으로 찾아와서 그들 형제를 유심히 바라보더니 외삼촌과 이야기를 나누는 것이었다.

　"저 아이들은 누구입니까?"

　"저의 생질들인데 부모가 일찍 죽어 제가 키우고 있습니다."

　"저 아이들을 내보내시오."

　"왜요?"

　"저 아이들의 관상을 보아하니 앞은 거지상이요 뒤는 거적대기상입니다. 워낙 복이 없어 거지가 되지 않을 수 없고, 그냥 놓아두면 저 아이들로 말미암아 이웃이 가난해집니다. 그리고 저 아이들이 얻어먹는 신세가 되려면 이 집부터 망해야 하니, 애당초 그렇게 되기 전에 내보내십시오."

　"그렇지만 부모가 없는 아이들을 어떻게 내보냅니까?"

　"사람은 자기의 복대로 살아야 하는 법! 마침내 이 집이 망한다면 저애들의 업은 더욱 깊어질 것이오."

　방문 밖에서 외삼촌과 일행선사의 대화를 엿들은 배도는 선사가 돌아간 뒤 외삼촌께 말하였다.

　"외삼촌, 저희 형제는 이 집을 떠나려고 합니다. 허락하여 주십시오."

"가다니? 도대체 어디로 가겠다는 말이냐?"

"아까 일행선사님과 나눈 말씀을 들었습니다. 우리 형제가 빌어먹을 팔자라면 일찍 빌어먹을 일이지, 외삼촌 집안까지 망하게 할 수는 없는 일 아닙니까? 떠나겠습니다. 허락하여 주십시오."

자꾸만 만류하는 외삼촌을 뿌리치고 배탁과 함께 집을 나온 배도는 거지가 되어 하루하루를 구걸하며 살았다. 어느 날 형제는 머리를 맞대고 상의하였다.

"우리가 이렇게 산다면, 일찍 돌아가신 부모님의 혼령도 편안하지가 못할 것이다. 산으로 들어가서 숯이나 구워 팔면서 공부도 하고 무술도 익히자."

그들은 산속에 들어가 숯을 구웠고, 틈틈이 글읽기를 하고 검술도 익혔다. 그리고 넉넉하게 구워 남은 숯들을 다발다발 묶어 단정한 글씨로 쓴 편지와 함께 집집마다 나누어 주었다.

"이 숯은 저희들이 정성을 들여 구운 것입니다. 부담갖지 마시고 마음놓고 쓰십시오."

하루 이틀, 한달 두달……. 이렇게 꾸준히 숯을 보시하자 처음에는 의아하게 생각하던 마을 사람들도 감사하게 생각하였고, 마침내 숯이 도착할 시간이면 '양식에 보태라.'며 쌀을 대문 밖에 내어놓기까지 하였다. 그러나 그들 형제는 먹을 만큼 이상의 양식은 절대로 가져가지 않았다.

"이만하면 충분합니다. 감사합니다."

마침내 두 형제에 대한 소문은 온 고을로 퍼져나갔고, 그 소문을 듣고 외삼촌이 찾아와 '잠깐만이라도 좋으니 집으로 들어가자.'고 간청하였다. 그들이 집에 이르자 때마침 일행 선사도 오셨는데, 배도를 보더니 깜짝 놀라는 것이었다.

"애야, 너 정승이 되겠구나."

"스님, 언제는 저희 형제더러 빌어먹겠다고 하시더니, 오늘은 어찌 정승이 되겠다고 하십니까? 거짓말 마시오."

"전날에는 너의 얼굴에 거지 팔자가 가득 붙었더니, 오늘은 정승의 심상(心相)이 보이는구나. 그동안 무슨 일을 하였느냐?"

배도와 배탁이 그동안의 일을 자세히 말씀드리자 일행 선사는 무릎을 치면서 기뻐하셨다.

"그러면 그렇지! 너희들의 마음가짐이 거지 팔자를 정승 팔자로 바꾸어 놓았구나."

그뒤 참으로 배도는 정승이 되었고, 동생 배탁은 대장군의 벼슬을 마다하고 황하강의 뱃사공이 되어 오가는 사람을 건네주며 고매하게 살았다고 한다.

내 업은 내가 기꺼이 받는다는 자세로 살았던 배도와 배탁 형제. 가까운 사람에게 폐를 끼치지 않겠다는 마음가짐과 가난한 이웃을 도운 선행이 거지 팔자를 정승 팔자로 바꾸어놓은 것이다.

맺힌 업을 풀면서 살아라

이상의 이야기들처럼, 사람들이 윤회와 인과를 철저히 믿고 내가 지은 업을 내가 기꺼이 받겠다는 자세로 살아간다면, 틀림없이 고통을 벗어나 복된 삶을 영위할 수 있는 것이다.

무엇보다 중요한 것은 '지금 이 자리'이다.

'지금 이 자리'에서 우리는 과거에 맺은 업을 푸는 것과 동시에 새로운 업을 만들게 된다. 바로 이 순간 맺힌 업을 풀고 푼 업을 더욱 원만하게 회향(廻向)할 수도 있고, 반대로 새로운 악업을 맺어 더 나쁜 상태로 만들어버릴 수도 있다.

맺느냐? 푸느냐? 이는 오직 지금 이 자리에서 내가 어떻게 하느냐에 달려 있다. 눈앞의 이익만을 생각하고 모든 것을 상대적인 감정과 자존심으로 해결하려 하면 매듭만 늘어날 뿐이다.

욕심을 비우고 기꺼이 받아라. 기꺼이 받고자 할 때 모든 것은 풀린다. 매사에 한 생각을 바르게 가져 맺힌 것을 풀어 나가고, 푼 것을 더욱 좋은 인연으로 가꾸어야 한다.

참된 삶, 복된 삶! 그것은 기꺼이 받고자 하는 마음가짐이 결정한다는 사실을 잊지 말아야 한다. 이렇게 인과를 믿고 내가 지은 업을 적극적으로 수용할 때 남과 나 사이에 맺힌 인연의 매듭은 저절로 풀어지고, 행복과 자유와 평화가 충만된 삶이 찾아드는 것이다.

  부디 '보이지 않는 업'이라며 이 순간을 함부로 하지 말고, 기꺼이 받겠다는 자세로 멋진 삶을 영위하기 바란다.

제3장

베풀며 살자

빈손으로 왔다가 빈손으로 가나니
세상의 모든 일 뜬구름과 같구나
무덤을 만들고 사람들이 흩어진 후
적적한 산속에 달은 황혼이어라

돈 속에 도가 있다

편안히 분수대로 만족할 줄 알라
욕심이 적으면 즐거워지고
만족할 줄 알면 그것이 부귀이니
청빈 속에서 편히 머물지니라

  安分知足
  小欲快樂
  知足富貴
  安住淸貧

돈, 잘못 쓰면 지옥의 문을 여는 열쇠

누구든 잘 먹고 잘 입고 잘 살기 위해서는 재물이 있어야 한다. 돈이 있어야 마음에 드는 것을 사고 즐기면서 살 수가 있는 것이다. 그러나 재물에 대한 욕심이 나의 행복한 앞길을 가로막아 버리는 경우는 예상 외로 많다. 곧 돈의 맛을 알고 탐욕에 사로잡히다 보면 '돈'의 노예가 되고, 돈이라면 물불조차 가리지 못하게 되고 마는 것이다.

오늘날 우리는 신문·TV 등을 통하여 매일매일 수많은 사건들을 접하며 살아가고 있다. 이 세상에 대해 혐오감을 느낄 만큼 범죄유형도 갈수록 험악해지고 끔찍해지고 있다. 이 땅에서 살고 있다는 것이 무서우리만큼….

그런데 이 대부분의 사건들이 재물 때문에 일어나고 있다. 재물을 '나'의 것으로 만들겠다는 탐욕이 불씨가 되어 어린아이를 납치하기도 하고, 자식이 부모를 죽이기까지 한다. 심지어 온나라 사람들을 불안으로 몰아넣은 성수대교 붕괴, 대구 도시가스 폭발사고 등의 대형사고도 남의 생명보다는 돈벌이를 더 중요시하는 평소의 생활 태도에서 비롯된 것이다.

이렇게 남의 생명을 경시하면서까지 추구하는 돈! 그 돈은 바로 지옥의 문을 여는 열쇠요, 그 돈을 위해 사는 사람은 이미 지옥의 문턱에 서 있는 것이나 다를 바가 없는 것이다.

가만히 주위를 돌아보라. 아무리 가까운 사이라도 돈 문제만 개입되면 인정사정을 두지 않는다. 내일 원수가 될지언정 안면을 몰수하고 돈을 받아내기에 바쁘다.

어려운 사정 때문에 눈덩이 같은 이자를 물고 돈을 빌렸다가 집과 재산을 날린 사람이 어찌 적다고 할 것인가? 은행 등 공공기관에서조차 정해놓은 날짜에서 하루만 지나도 절대로 봐주지 않고, 인정사정없이 빨간 딱지를 붙이면서 차압을 하고 집을 빼앗아버린다.

더욱이 이자 받을 날만 되면 자리를 비웠다가 때가 되면 남의 집을 빼앗아버리는 사기꾼도 판을 치고 있다. 이 정도에 이르면 그는 마귀의 권속과 다를 바가 없는 것이다.

돈을 위해 인생을 허비하는 불쌍한 사람들······.

인색함의 결과

일제시대, 경상북도 경산에는 김해생이라는 만석꾼이 살고 있었다. 말할 수 없이 노랑이었던 그는 어쩌다 밥상에 쌀밥이 올라오면 집안 식구 모두를 불러놓고 호통을 쳤다.

"왜 보리밥을 안 해먹는 거야? 쌀밥만 해먹으면 집안 망한다. 집안 망해!"

거듭되는 꾸중에 식구들은 쌀밥을 지을 때 보리쌀 한 사발을 솥 밑에 앉혀 노인에게만 보리밥을 주고, 그들은 쌀밥을 먹었다. 결국 그 집안에서 보리밥을 먹고 살았던 사람은 누구였던가? 오직 김해생뿐이었다.

김해생은 전답뿐만 아니라 돈도 굉장히 많았다. 그러나 돈을 움켜쥐고만 살 뿐 쓸 줄을 몰랐다. 그는 아내에게도 돈을 주는 법이 없었다. 아무리 졸라도 돈을 주지 않자, 아내는 장독대에 정안수를 떠놓고 빌기까지 하였다.

"우리 영감이 제발 돈 좀 주게 해주십시오. 돈 좀 주게 해주십시오."

그렇지만 이러한 기도도 김해생에게는 통하지 않았다. 뿐만 아니다. 김해생은 혼자 있으면서도 항상 무언가를 중얼거리며 다녔다. 이상하게 여긴 사람들이 자세히 들어보면 모두가 재산에 관한 것뿐이었다.

"저 건너 대추나무골 김생원한테 쌀 한 가마니를 빌려주었으니, 추수가 끝나면 한 가마니 반을 받을 것이다. 샘골 박노인에게는 소작료로 나락 열 섬을 받아야지."

날마다 김해생은 받을 것을 계산하며 재물의 노예가 되어 살았다. 이렇게 한평생을 살던 김해생에게 어느날 불시에 찾아온 것은 저승사자였다. 그렇지만, 바로 그 순간에도 김해생은 평생 모은 돈을 가지고 가야겠다고 생각했던지, 문갑 속에 넣어두었던 100원짜리 지폐 세 뭉치를 꺼내어 두

뭉치는 양손에 쥐고 한 뭉치는 입에 꽉 물고 죽었다.

일제시대에는 100원이 매우 큰 돈이었다. 보통 사람은 한 평생 100원짜리 한번 만져보지 못하고 죽는 경우가 대부분이었는데, 김해생은 3만원이라는 거금을 저승길로 가져가고자 했던 것이다.

아들들이 아버지의 돈을 빼내려 했지만 워낙 세게 쥐고 있어 뺄 수가 없자 시신을 향해 사정을 했다.

"아버지, 돈 주십시오. 돈을 주셔야 장사를 치르지요. 이제 그만 돈을 놓으세요."

그러나 죽은 노인은 쥔 돈을 놓을 줄 몰랐다. 그럭저럭 9일장을 끝내고 장지로 가야 할 시간이 되자 아들들은 결론을 내렸다.

'억지로라도 돈을 빼내야지. 돈까지 묻을 수는 없다.'

하지만 완전히 굳어진 손과 입은 꼼짝을 하지 않았다. 아무리 손을 펴고 입을 벌리려 해도 소용이 없었다. 할 수 없이 아들들은 펜치로 아버지의 손가락 하나하나를 부러뜨려 돈을 빼앗았고, 이빨을 모두 뽑은 다음 돈을 빼냈다고 한다.

이 얼마나 큰 비극인가? 돈에 대한 애착 때문에 자신의 몸은 고사하고, 자식들로 하여금 아버지의 시신을 상하게 한 죄를 짊어지고 살도록 한 것이다. 돈을 잘못 쓰면 이토록 처참해질 뿐이다.

만약 돈에 얽매여 인생을 허비하고 있는 사람이 있다면 조용히 다시한번 생각해보라.

한평생 돈을 모으기 위해 아등바등해본들, 막상 죽음이 눈앞에 왔을 때 나와 함께 하는 것은 무엇이란 말인가? 그토록 애지중지하던 돈인가? 명예인가? 권력인가? 사랑하던 사람인가? 아니다. 모두가 아니다. 오직 나의 업(業), 내가 지은 업만이 나와 함께 할 뿐이다.

도로써 돈을 써라

기껏 살아야 백년도 못 사는 인생. 어찌 재물과 사람에 얽매여 허덕일 것인가? 오로지 우리는 주어진 환경에서 최선을 다하면서 살아야 한다. 그렇다면 주어진 환경은 무엇인가? 이 또한 '나의 업'이다.

그러므로 지금 바로 이 자리에서 과거에 맺은 업을 원만하게 풀고 좋은 인연을 새롭게 만든다는 마음으로 살아야 한다. 그리고 힘닿는 데까지 남을 도우면서 살아야 하고 수시로 마음자리를 갈고 닦아 영혼을 진화시켜야 한다. 죽은 다음 함께 갈 것 또한 이것뿐이기 때문이다.

옛날 큰 부자가 죽으면서 특이한 유언을 남겼다.

"내가 죽어 시신을 장지(葬地)로 옮길 때, 반드시 두 손이 관 밖으로 나오도록 하여라."

유언에 따라 가족들이 상여를 메고 갈 때 두 손을 관 밖으로 내놓아 사람들이 잘 볼 수 있도록 하였다.

관 밖으로 내민 두 손. 이것은 무엇을 뜻하는 것인가?

"사람들아, 보아라. 나는 돈도 많고 집도 크고 식솔들도 많지만, 오늘 이때를 당하여 나 홀로 간다. 부귀영화(富貴榮華)가 얼마나 허망한 것이더냐? 빈손으로 왔다가 빈손으로 가는 인생. 평생 모은 재산도 한푼 가져갈 수 없음이니……."

이렇게 관 밖으로 두 손을 내놓도록 한 까닭은 인생은 올 때도 빈손, 갈 때도 빈손임을 깨우치기 위해서였다. 그리고 돈보다 더 소중한 무엇을 찾아 인간다운 삶을 살아가야 한다는 것을 무언으로 깨우치고자 했던 것이다.

돈보다 더 소중한 것!

그것은 도(道)이다. 돌고 도는 돈이 아니라, 언제나 나와 함께 하는 도인 것이다.

도와 돈은 서로 반대편에 서 있다. 이 두 가지 중에서 돈은 돌고 돈다. 돌고 도는 돈이기에 돈에 집착하면 집착할수록 윤회의 수레바퀴는 더욱 세차게 돌아간다. 돈에 얽매이면 '나'의 고통과 윤회는 그칠 날이 없는 것이다.

그러나 돌지 않는 도, 변하지 않는 도, 항상 고요하여 동요되지 않는 도와 합치하면 괴로움은 물론 윤회의 수레바퀴도 구르기를 멈추게 된다.

그렇다고 하여 무조건 돈을 적대시해서는 안된다. 왜냐하면 바로 그 돈 속에 도가 있기 때문이다. 도는 어느 곳에나 있다. 돈 속에도 있다. 돈 속에 도가 있으므로 도로써 돈을 쓰면 돈을 쓰는 자체가 온통 도로 바뀔 수 있는 것이다.

도로써 쓰는 돈. 부처님은 이렇게 돈을 쓰는 것을 보시(布施)라고 하셨다. 부처님께서 일러주신 여섯 가지 해탈법 — 보시・지계・인욕・정진・선정・반야로 분류되는 육바라밀(六波羅蜜) 중에서 첫번째에 위치한 덕목은 바로 보시바라밀이다.

보시바라밀(布施波羅蜜)은 '보시로써 바라밀한다.'는 말이다. 보시로써 피안의 세계로 건너가는 지름길을 삼는다는 뜻이다. 그러므로 보시를 잘하면 능히 해탈대도(解脫大道)를 이룰 수 있고, 진정한 평화와 행복을 누릴 수 있게 되는 것이다.

이제 보시에 대해 구체적으로 살펴보도록 하자.

세 가지 종류의 보시

좋은 세상을 여는 재물보시

보시에는 세 가지 종류가 있다.

첫째는 재시(財施)이다. 물질로써 가난한 사람, 배고픈 사람, 헐벗은 사람에게 베풀어주는 것이다. 물론 노동을 통해 도와주는 것도 이 재물보시에 포함된다.

중국 춘추전국시대에 맹상군(孟嘗君)이라는 제후가 살고 있었다. 권세도 높고 재물도 많은 맹상군은 어느해 생일날, 호화판의 잔치를 베풀었다. 상다리가 휘어지도록 음식을 차

렸고, 아름다운 풍악소리에 맞추어 미희들은 춤을 추었으며, 손님들이 가져온 선물들은 몇 개의 방에 차고도 남았다. 맹상군은 유쾌하여 술잔을 높이 들고 말했다.

"좋다. 정말 좋구나. 이렇게 좋은 날, 나를 슬프게 만들 수 있는 사람이 있을까? 나를 슬프게 할 자가 있다면 후한 상을 내리리라."

그때 눈먼 장님 한 사람이 앵금을 들고 맹상군 앞으로 다가섰다.

"비록 재주는 없으나 제가 대감의 눈에서 눈물이 나오도록 해보겠습니다."

"좋다. 한번 해보아라. 재주껏 나를 슬프게 만들어 보아라."

장님은 앵금을 타기 시작하였다. 처음에는 천상(天上)의 소리처럼 아름다운 선율로 연주하다가 좀 지나자 지옥의 고통섞인 소리를 만들어 내었고, 연이어 애간장을 녹이는 듯, 창자를 끊는 듯한 연주를 계속하였다. 모두가 앵금의 소리에 넋을 잃을 즈음, 장님은 기가 막힌 음성으로 노래를 부르기 시작하였다.

    빈손으로 왔다가 빈손으로 가나니
    세상의 모든 일 뜬구름과 같구나
    무덤을 만들고 사람들이 흩어진 후

적적한 산속에 달은 황혼이어라

　空手來空手去
　世上事如浮雲
　成墳墓人散後
　山寂寂月黃昏

　노래가 끝나는 순간 장님이 앵금을 세게 퉁기자 줄이 탁 끊어졌고, 앵금줄이 끊어지는 소리가 남과 동시에 맹상군은 통곡을 했다. 그리고는 무엇인가 좋은 일을 하면서 살아야 겠다는 결심을 했다.
　그날 이후 맹상군은 자기집에 큰 식당을 만들어놓고, 아침마다 국밥을 끓여 3천 명에게 식사를 제공했다. 그 국밥은 누구든지 와서 먹을 수 있었으며, 3천 명의 식객이 먹는 소리는 20리 밖에까지 들렸다고 한다.

　장님의 노랫소리에 인생의 실체를 깨달은 맹상군은 자신의 재물을 풀었다. 헐벗고 굶주린 이들을 위해 매일같이 3천 그릇의 국밥을 만들었던 것이다.
　비록 우리가 맹상군처럼은 못할지라도 베푸는 일에는 익숙해져야 한다. 베풀 것이 있을 때 베풀어야 한다. '돈을 많이 모은 다음 좋은 일을 하겠다.'고 하면서 미룰 일이 아니다. 조금 있으면 조금 있는 대로 보시를 할 줄 알아야 한다.

왜냐하면 보시를 하는 그 마음 자체가 바로 도심(道心)이요, 우리를 잘 살게 만들어주는 선공덕(善功德)이 되기 때문이다.

우리 모두 가진 재물로써 능력껏 베풀어 보자. 가진 것을 베풀 때 인색한 마음은 저절로 사라진다. 탐하는 마음과 더불어 인색한 마음이 사라지므로 정신은 맑아지고, 재물로써 남을 살렸으니 마음 가득 환희가 넘치게 된다.

이렇게 될 때 우리 앞에 그릇되게 뚫려 있던 탐욕의 길, 투쟁의 길, 삿된 길들은 저절로 사라지게 되고, 지옥·아귀 등의 추한 세계도 자취를 감추게 되는 것이다.

부디 도로써 돈을 써보라. 틀림없이 좋은 일이 다가오고 좋은 세상이 열리게 된다.

으뜸가는 복을 심는 법보시

두번째 보시는 법시(法施)이다. 흔히 법보시라고 칭하는 법시는 사람들이 온전한 정신을 가질 수 있도록 진리를 베풀어주는 것이다. 곧 재물을 보시하는 것에서 한 단계 더 나아가 재물을 보시할 수 있는 근본정신을 나누어주는 것이다.

우리나라는 해방 이후 수십 년 동안 미국의 원조를 받아 왔다. 그런데 이러한 물질적인 보시에 대해 '우리의 정신을 미국에 팔아온 것이 아니냐' 하는 일부 의식있는 사람들의 주장이 끊임없이 제기되었다.

정녕 우리가 우리의 속알맹이인 정신은 잃어버리고 물질적인 풍요에만 만족한다면, 그것이 개인이 되었든 국가가 되었든 결과는 비참해질 수밖에 없다. 조금이라도 지성을 갖춘 사람이라면 물질적인 풍요를 누리면서도 정신을 돌아볼 줄 알아야 한다.

요즘 시중에서는 하나에 수십만원 하는 속옷, 수천만원짜리 가구가 잘 팔려나간다고 한다. 이것이 무엇을 일러주는 것인가? 자기 정신을 팔아먹고 분수를 지킬 줄 모르는 사람이 이 땅에 많이 살고 있음을 알려주는 것이다. 이때가 문제이다. 바로 이러한 때일수록 우리 모두가 올바른 정신으로 살아갈 수 있도록 도와주는 법보시를 베풀어야 하는 것이다.

그렇다면 참다운 법보시는 어떻게 하는 것인가?

≪금강경≫에는 "삼천대천세계에 칠보(七寶)로 보시하는 것보다 금강경 사구게(四句偈) 한 구절을 일러주는 것이 낫다."고 한 구절이 있다.

이것이 무슨 말인가? ≪금강경≫을 외워서 줄줄 읊어주는 것이 복이 된다는 말은 아니다. 그 내용을 깨닫도록 일러주라는 말이다. 왜냐하면 그 내용을 깊이 깨달아야 복이 되는 것이고, 그 참뜻을 이해시켜야 진짜 그 사람의 복이 되기 때문이다.

보다 구체적인 예를 들어보자.

≪금강경≫ 사구게 중에는 "모양이 있는 것은 다 허망하다(凡所有相 皆是虛妄)."는 구절이 있다. 그렇다면 그 구절을 들려준다고 하여 누구나 무상함을 절감할 수 있는 것인가? 아니다. 대부분의 사람들은 그 말씀을 듣고도 무상을 절감하지 못한다. 따라서 이 구절을 설할 때는 모양 있는 모든 것이 진정으로 허망하다는 것을 확실히 느낄 수 있도록 해주어야 한다.

허망한 것을 깨우치되 팔순 할머니와 스무살 처녀를 같이 볼 수 있도록 만들어야 한다. 이쪽은 예쁘고 저쪽은 밉다는 차별심만 있으면 말로만 허망한 것일 뿐이다. 그러나 확증을 심어줄 수만 있다면 ≪금강경≫의 말씀대로 삼천대천세계에 칠보로써 보시한 것보다 더 많은 복을 짓는 일이 되는 것이다.

그야말로 복 짓는 일 중에서 깨달음을 얻고 깨달음을 얻을 수 있도록 해주는 복보다 더 큰 복은 없는 것이다.

그러므로 주위 사람들에게 성심성의를 다해 부처님의 가르침을 전하여, 그들의 참 정신을 일깨워주도록 하여야 한다. 그리고 아는 것이 부족하다고 느낀다면 능력껏 불교책을 법보시하는 습관을 길러야 한다.

책을 법보시할 때는 꼭 불경이 아니라도 좋다. 오히려 어려운 불경보다는 읽어서 진리를 분명히 깨우칠 수 있고 정신을 온전하게 만들어주는, 쉬운 불교책이나 글을 법보시하는 것이 더 좋을 경우도 있다.

참되게 살 수 있는 길을 제시해주는 책, 마음의 눈을 열어줄 수 있는 글을 가깝고 먼 사람에게 두루 공양한다면, 그 공덕을 어찌 다 헤아릴 수 있겠는가!

무외시는 보시의 완성

세번째 보시는 무외시(無畏施)이다. 무외시는 모든 두려움을 제거하여 평안한 마음을 가질 수 있도록 해주는 보시이다.

쉽게 비유하자면, 어린아이가 권투도 잘하고 기운도 센 자기 형과 함께 다니면 어디를 가든지 겁날 것이 하나도 없고 마음이 든든해지는 것과 같다. 혼자 있을 때는 싸움은커녕 도망가기 바쁘던 아이도, 든든한 형과 같이 있으면 자기보다 힘센 친구에게 얼마든지 당당해질 수 있고 깡패들이 몰려와도 힘을 딱 주고 버틸 수가 있는 것이다.

이것이 바로 무외시이다. 든든하게 믿을 수 있는 것이 있으면 두려울 게 없는 것이다. 나아가 마음의 안심입명(安心立命)을 완전히 얻은 사람은 죽음에 임해서도 두려움이 없다. 이렇게 생사의 두려움까지도 다 해탈시켜주면 그것이 바로 최상의 무외시인 것이다.

　나아가 성현(聖賢)의 가피를 입는 것도 무외시에 속한다. 만약 언제 어디서나 부처님께서 나를 지켜주고 계신다는 확실한 믿음만 있으면, 그 사람은 두려울 것이 없는 무외의 경계에 들어선 사람이라 할 수가 있다.

　만약 부처님께서 나와 함께 계시고 관세음보살이 내 뒤를 바짝 따라다니신다는 믿음이 있으면 총알이 빗방울처럼 날리는 전쟁터에 나가도 걱정할 것이 없는 것이다.

　　　　　　　　✿

　일제 때 김석원(金錫源, 1893~1978)이라는 장군은 매일 관세음보살 몽수경(夢授經)을 지극한 마음으로 불렀다. 그런데 1937년의 중일전쟁에 참가한 장군은 산서성(山西省) 전투에서 가슴에 총탄을 맞고 그자리에서 쓰러졌다.

　당연히 죽었어야 할 그였지만, 놀랍게도 정신을 차려 일어나보니 다친 데가 하나도 없이 멀쩡했다. 이상히 여겨 자세히 살펴보니 가슴에 넣고 다닌 관세음보살 호신불(護身佛)에만 구멍이 뚫려 있었다.

　이러한 기적이 모두 관세음보살의 보살핌 때문이라는 것을 깨달은 장군은, 그뒤부터 하루에 관세음보살을 만번씩 불렀다. 사무를 보면서도 관세음보살, 전쟁터에서도 관세음보살을 불러, 잠시도 입에서 관세음보살을 뗀 적이 없었다고 한다.

 이처럼 깊은 믿음이 생기면 두려울 것이 없어지게 된다. 그것이 바로 무외시이다.
 아무것도 아닌 듯한 무외시. 그러나 곰곰히 따져보면 두려움을 없애주는 무외시야말로 최상의 보시이고 가장 복을 잘 짓는 일이다. 우리 모두 주위 사람들에게 이와같은 무외의 보시를 즐겨 베풀어 보자.
 누군가에게 어려운 일이 닥쳐서 '아이구 이걸 어떻게 하나' 할 때 '어떻게 하긴 무엇을 어떻게 해. 용기를 잃지 않으면 할 수 있어.' 하면서 안심시켜주고, '이러다가 내가 죽는 게 아닐까' 할 때 '그런 염려 말아. 부처님께서 너와 함께 계시잖아!' 하면서 마음을 편안하게 만들어주도록 하여야 한다.
 무외시는 돈이 드는 것도 아니고 힘이 드는 것도 아니다. 오직 우리가 하고자 마음만 내면 할 수 있는 것이다. 한마디의 축원(祝願)과 함께 따뜻한 마음으로 무외의 보시를 베푸는 습관을 길러보라. 주위가 온통 훈훈한 복밭(福田)으로 바뀔 것이다.

자비로써 보시하자

부처님께서는 수많은 경전을 통하여 이제까지 우리가 살펴본 세 가지 보시 중 그 어떤 보시라도 해야 한다고 누누이 강조하셨다. 우리 불자들은 부처님의 제자답게 힘에 따라 형편에 따라 법과 재물을 은혜롭게 베풀 줄 알아야 한다. 꼭 부처님께서 시켰기 때문에 하자는 것이 아니다.

중생을 아끼고 사랑하는 마음으로 재물과 법을 베풀어서 나와 중생의 마음 밑바닥에까지 깊이 뿌리를 내리고 있는 간탐심을 보리심으로 바꾸어놓아야 한다.

우리 모두 자비로써 보시하자. 그리고 그 자비를 더욱 승화시켜 동체대비를 이룰 수 있도록 하자.

동체대비(同體大悲)! 그것은 한 몸의 사랑이요, 동체대비에 입각한 보시는 내가 나에게 주듯이 남에게 베풀어주는 것이다. 이러한 보시이기에 여기에는 주는 사람, 받는 사람, 주고 받는 물건에 대한 미련이 없다.

"내가 누구에게 무엇을 주었지. 많은 공덕이 있을거야."

이러한 자랑 섞인 보시는 자비보시가 아니다. 아직은 모자람이 있는 보시이다. 보시가 해탈로 직결되려면 서로 동체(同體)라는 인식 아래 평등하게 이루어져야 한다. '내가 너에게'라는 상대적인 생각, '내가 베풀 수 있는 위치에 있기 때문에 베푼다.'는 생각을 갖고 있으면 온전한 해탈을 이룰 수 없기 때문이다.

곧 보시는 평등한 마음에 바탕을 두어야 한다. 오직 평등한 마음, 자연스러운 마음으로 보시를 해야 한다. 하나의 법계(法界) 속에 살고 있는, 미래 부처될 존재들끼리 기꺼이 나누어 살고자 하는 마음……. 만일 이렇게 평등심을 유지하여 보시를 한다면 부처님의 평등성지(平等性智)를 얻어 해탈할 수 있으며, 능히 보시바라밀을 완성할 수 있을 것이다.

바로 이것이 무주상보시(無住相布施)이다. 그렇지만 처음부터 무주상보시를 고집하거나 강요해서는 안된다. 또한 동체대비의 보시가 되지 않는다고 포기할 일도 아니다. 우선은 베푸는 일이 중요하다. 베푸는 연습을 하는 것이 더욱 중요하다.

그리고 보시한 것을 자랑하고 싶으면 자랑을 해도 좋다. 결코 '무주상'을 강조하며 자랑을 막을 필요도 없다. 오직 나와 남의 마음을 여는 보시를 끊임없이 행하다보면 모양 [相]을 내는 것은 언젠가 저절로 사라지기 마련인 것이다.

모든 불자들이여, 우리 모두 '내 마음'의 그릇 속에 하루 아침의 티끌을 담지 말고 천년의 보배를 담도록 하자. 베풀면서 마음을 닦고 환희심을 기르도록 하자.

그리고 형편 따라 염불하고 기도하고 참선하여 마음자리를 밝혀가도록 하자. 틀림없이 이것이 '나'의 인생을 보배롭게 만든다. 현생에서 뿐만 아니라 내생에서도 '나'의 등불이 되고, 세세생생 나와 함께 앞길을 밝혀주는 것이다.
 부디 명심하고 또 명심하여 결코 다함이 없는 양식을 마련하기 바란다.

제4장

밝은 삶을 여는 계율

선(禪)은 부처님의 마음이요
교(敎)는 부처님의 말씀이여
율(律)은 부처님의 행이니라

어둠과 밝음의 세계

공덕녀와 흑암녀가
언제나 함께 하듯이
몸이 있으면 괴로움이 따르기 마련
어찌 편안함만을 얻으려 할 것인가

 功德黑暗
 常相隨逐
 有身皆苦
 誰得而安

공덕녀와 흑암녀

불교의 여러 경전 속에는 공덕녀(功德女)와 흑암녀(黑暗女) 자매가 자주 등장하고 있다. 이 공덕녀와 흑암녀는 지극히 대조적인 인물로서, 그들 자매의 이야기는 우리 인생살이의 상대적인 모습을 잘 나타내주고 있다.

※

어느날, 한 부호장자의 집에 인물이 지극히 아름답고 품위가 넘치는 여인이 찾아왔다. 눈앞이 맑아지는 듯한 아름다움에 넋을 잃고 바라보던 장자는 지극히 부드러운 음성으로 물었다.

"그대 이름은 무엇이오?"

"공덕녀라 하옵니다."

"무엇을 하는 여인이오?"

"소녀 같은 사람이 무엇을 제대로 하오리까? 다만 저를 만나는 사람은 모두가 기분이 좋아진다고 하더이다. 또 저를 보고 나면 금은보화가 모여들고 무병장수하며, 재수대통하게 되옵니다."

그토록 아름다운 미모에 재물과 건강과 행복까지 안겨주는 사람이라니! 장자는 그녀의 말이 끝나기가 바쁘게 함께 살 것을 청하였고, 이에 대해 공덕녀는 한 가지 조건을 제시하였다.

"저에게는 결코 떨어질 수 없는 동생이 있습니다. 만약 제 동생도 함께 데리고 살겠다면 기꺼이 응하겠나이다."

"낭자의 동생이라면, 앞을 못보는 장님이라고 한들 내 어찌 마다하리요."

그 말이 끝나기가 무섭게 한 여인이 대문을 밀고 들어왔다. 그런데 이 어찌된 노릇인가? 그녀는 언니를 닮은 곳이라고는 한군데도 없었다. 흉칙하게 일그러진 얼굴, 거무티티한 피부, 줄줄줄 흘러내리는 눈물과 콧물…. 쳐다보기만 하여도 구역질이 나올 듯한 추녀 중의 추녀였다.

"제 동생, 흑암녀이옵니다."

장자는 속이 뒤틀리는 것을 참으며 물었다.

"그대는 어떤 여자인가?"

"나에게는 묘한 재주가 있지요. 나를 보는 사람은 기분이 좋다가도 나빠지고 부유한 사람은 가난해지며, 재수 있던 사람은 재수가 없어집니다."

장자는 기겁을 하여 집 밖으로 내쫓으려 하였으나, 흑암녀는 찢어지는 듯한 음성으로 소리쳤다.

"안돼요! 나는 절대로 우리 언니와 떨어질 수 없어요. 내가 가면 우리 언니도 함께 가야 해요."

결국 장자는 공덕녀마저 포기하고 말았다.

어둠에서 밝음의 세계로

이 이야기는 무엇을 깨우치고 있는 것인가? 우리의 인생살이 속에 지극히 아름답고 복덕이 한량없는 공덕녀와 역겹도록 추하고 불행을 안겨주는 흑암녀가 공존하고 있음을 일깨우고 있다. 마치 손등과 손바닥이 함께 하듯이, 행복과 불행, 좋은 것과 나쁜 것, 밝은 것과 어두운 것은 언제나 붙어다니기 마련인 것이다.

실로 우리의 삶에는 영원한 행복도 영원한 불행도 없다. 그러므로 우리는 불행 속에서 행복의 길을 찾을 줄 알아야 하고, 행복 속에 잠겨 있을 때에도 불행을 감지하며 새로운 행복의 길을 닦을 줄 알아야 한다.

행복과 불행, 사랑과 미움, 밝음과 어두움……. 모든 상대적인 것이 공존하고 있는 이 순간, 바로 이 순간이 중요하다. 우리는 바로 이 순간의 행복에 도취되어 타락의 길로 빠져들어서도 안되고, 불행을 비관하여 함부로 포기하거나 제멋대로 살아서도 안된다.

오히려 지금의 행복과 불행을 기꺼이 받아들여 새로운 밝음의 길로 나아가야 한다. 어둠의 세계에서 밝음의 세계로 나아가는 것. 이것이 불자 생활의 기본 자세요 인생살이의 묘미이기 때문이다.

그렇다면 밝음의 세계, 행복만이 가득한 세계로 나아가기 위해 우리는 어떻게 해야 하는가?

부처님께서 누누이 말씀하신 삼학(三學)을 잘 배워 익히고 닦아야 한다. 곧 삼학은 불자 생활의 기본 자세로서 나쁜 일을 모두 끊어버리고 좋은 일을 닦는 계(戒), 마음을 고요히 안정시켜 삼매(三昧)를 이루는 정(定), 몸과 마음의 안과 밖을 올바로 관찰하는 혜(慧)의 세 가지 기본 수행법이다.

이 세 가지 중 어느 하나라도 잘 닦으면 어둠을 벗어나 밝음의 세계로 나아갈 수 있고, 행복이 가득한 해탈의 세계에 도달할 수 있게 되는 것이다.

계의 4과(四科)

선은 부처님의 마음이요
교는 부처님의 말씀이며
율은 부처님의 행이다

禪是佛心
教是佛語
律是佛行

이것은 선과 교와 계율에 대한 옛 스님들의 정의이다. 이 정의를 토대로 하여 계율을 풀이하면, 지극히 평등하고 자비로운 마음에서 우러나온 부처님의 행위가 계율이라는 이름으로 바뀐 것이며, 그 계율을 온전히 행할 때 부처님과 조금도 다를 바 없는 행동을 하게 된다는 것을 가르쳐주고 있는 것이다.

그렇다면 불자(佛子)는 어떠한 존재인가?

불자는 부처님을 닮고자 하는 존재이며, 장차 부처가 될 부처님의 아들이다.

어떤 사람이 불자가 되는가? 부처님께서 제정하신 계율을 받아지녀야만 비로소 불자가 되는 것이다.

묵묵히 선(禪)과 교(敎)와 율(律)에 대해 생각해보라. 선(禪)은 불자가 아니라 할지라도 닦을 수 있고, 교(敎)는 누구든지 배울 수 있다. 불교집안 바깥의 사람이라 할지라도 선과 교는 얼마든지 배울 수 있는 것이다.

그러나 계율만은 다르다. 오직 계율만은 불교집안 사람들의 전유물이다. 비구계를 받으면 비구불자가 되고, 사미계를 받으면 사미불자가 되며, 보살계를 받으면 보살불자가, 재가(在家) 5계를 받으면 재가불자가 되는 것이다.

그러므로 불교 집안사람, 곧 불자가 되기 위해서는 반드시 계를 받아야 한다. 곧 불자가 가장 먼저 지녀야 할 것도 계율이요, 가장 소중히 지녀야 할 것도 계율인 것이다.

이토록 중요한 계율. 무릇 이 계율에 대해 이야기하려면 먼저 네 가지 과별(科別)을 가려놓고 말을 시작해야 한다. 그 네 가지는 계법(戒法)·계체(戒體)·계행(戒行)·계상(戒

相)이다. 계율을 논함에 있어 지금 계법을 이야기하고 있는 것인가, 계행을 이야기하고 있는 것인가, 계상에 대한 이야기를 하고 있는 것인가를 잘 구별할 줄 알아야 한다는 것이다.

계법(戒法)과 계체(戒體)

계법은 부처님께서 제정하신 율법(律法)을 가리킨다. 곧 비구 250계와 비구니 348계, 사미 10계, 신도 5계 등의 계율이 그것으로, 받는 이의 신분이 무엇이냐에 따라 받아 지녀야 할 계법도 달라지는 것이다. 그리고 불교 집안의 7중(七衆)이 공동으로 받을 수 있는 계, 7중뿐만 아니라 말을 알아들을 수 있는 존재라면 누구라도 받을 수 있는 보살계(菩薩戒)가 있다.

이들 계법은 그 계를 받은 사람의 신분이 무엇이냐에 따라 지켜야 하는 계법의 수와 내용이 달라지게 된다. 신도는 5계법만 받아 지키면 되지만, 비구는 250계법을 받아 지켜야 한다. 이와같이 신분에 따라 지켜야 할 계법의 수가 큰 차이를 보이게 되는 것이다.

또한 동일한 계법이라 할지라도 내용에 있어 엄연한 차이를 보이고 있다. 근본 4계인 살생계·투도계·음계·망어계 중 음계(淫戒)를 예로 들어보자.

부처님께서 재가 신도들에게는 삿된 음행만을 금하였지만, 출가승려의 경우에는 전단음욕(全斷淫慾), 음욕을 완전히 끊으라고 하셨다. 이와같이 계법은 받는 사람의 신분에 따라 지켜야 할 계의 수가 다르고, 하나하나의 내용도 조금씩 다르게 제정되어 있는 것이다.

계체(戒體)는 '계를 전수하는 승가의 작법에 의지하여 수계자가 마음속에 받아들인 법체(法體)이며, 그릇됨을 막고 나쁜 일을 그치게 하는 능력을 가진 계의 체성(體性)'이다. 이 정의를 조금 쉽게 풀어보도록 하자.

수계식을 할 때 율사스님은 한 조목의 계를 설한 다음, "능히 지키겠느냐? 말겠느냐?" 하고 묻는다. 이때 계를 받는 이는 '능지(能持)'라고 대답한다.

능지! '능히 지키겠습니다.' 하는 것은 마음속 깊이 받아들여 진정으로 지키겠다는 맹세이다. 결코 건성으로 또는 형식적으로 '능지'라고 하는 것이 아니다. 올바로 지키겠다는 강한 결심이 능지라는 말 속에 담겨져 있는 것이다. 따라서 "지키겠습니다. 지키겠습니다……." 할 때마다 그 하나하나의 계에 대한 계체가 수계자의 마음속에 만들어지는 것이다.

이 계체만은 누가 만들어줄 수 있는 것이 아니다. 오직 계를 받는 사람만이 만들어낼 수 있는 것이다. 그리고 오직 자기의 의지에 의해서만 계체가 생겨날 수 있으므로, 계를 설하고 받는 이 의식(儀式)을 설계식(設戒式)이라 하지 않고 수계식(受戒式)이라 하는 것이다.

곧 계체는 부처님께서 제정하신 계법을 마음으로 전하여 받는 것을 가리킨다. 이 계체야말로 마음의 문제이며, 부처님의 계법을 꼭 지켜야 되겠다고 하는 마음을 가졌을 때 비로소 계체가 생겨나게 된다.

그러므로 '반드시 지키겠습니다.' 하는 의지가 마음속으로 간절하게 들어갔을 때, 모든 계법이 계를 받는 사람의 마음속에서 올바로 발현되는 것이다.

옛날에는 이 계체를 '무표(無表)'라고 번역하였다. 그 모양이 없고 나타낼 수 있는 것이 아니기 때문에 무표라고 한 것이다. 따라서 계법·계체·계행·계상 가운데 이 계체를 설명하기가 가장 어렵고 이해하기도 어렵다고들 한다.

그러나 계를 받을 때 간절한 마음으로 "나는 반드시 이 계를 지키겠다."고 하면 계체를 성취하게 되는 것이다. 만일 계를 받고도 계체를 성취하지 않으면 그 계는 올바로 받은 것이 될 수 없다. 수계자가 받는 그 계법을 마음으로 받아들여서 계체를 이루게 될 때 참된 불자가 될 수 있을 뿐 아니라, 스스로 그릇됨을 막고 나쁜 일을 그치게 하는 능력이 생겨나서 해탈의 세계로 나아가게 하는 참 정신을 발현시킬 수 있게 되는 것이다.

계행(戒行)과 계상(戒相)

계행은 받은 계를 낱낱이 행동으로 나타내어 계법의 조목에 따라 이를 실천 수행하는 것이다. 이미 수계하여 생겨난 계체에 의지하여 몸과 말과 뜻의 삼업(三業)으로 법답게 계법을 실천하는 것을 계행이라고 한다.

그리고 계상은 현실 속에서 계법을 실천으로 옮겨갈 때, 상황에 따라 적용시키게 되는 여러가지 세세한 차별상을 가리킨다. 비구 250계라고 하면, 그 250계 하나하나마다에 지범개차(持犯開遮)가 있다. 그 하나하나의 계에 대해 지키고〔持〕 범하고〔犯〕 열고〔開〕 막아야〔遮〕 할 경우가 있으며, 그것을 적절히 실행하는 것이 바로 계상인 것이다.

이 계상에 의해 모든 계법은 얼마든지 융통성을 가질 수 있다. '망어계(妄語戒)'를 예로 들어보자. 망어계는 망어를 짓지 않는 것을 근본으로 하지만, 계상에 의하면 때에 따라 망어계를 열어서 거짓말을 할 수도 있고, 망어계를 닫아서 절대로 허튼소리를 하지 않기도 하는 것이다. 조금 더 구체적으로 설명하여 보자.

망어계라고 하면 흔히 망어 하나로 통용되지만, 그 속에는 소망어(小妄語)가 있고 대망어(大妄語)가 있고 여망어(餘妄語)가 있다.

소망어는 스스로의 이익 또는 습관성에 의해 아닌 것을 그렇다고 하거나 맞는 것을 아니라고 하는 소소한 거짓말을 가리키며, 대망어는 많은 사람의 공경을 받기 위해 '나는 부처의 후신이다.', '나는 보살의 후신이다.'라고 하면서 성인을 자청하는 거짓말이다. 따라서 대망어는 절대로 범하지 말아야 한다.

요즈음의 신흥종교 교주들 중에는 자칭 하나님이요, 성인의 특사라고 하면서 대망어를 짓는 무리들을 종종 볼 수 있지만, 불교에서는 이와같은 대망어를 짓게 되면 불자로서의 자격이 박탈됨과 동시에 불문(佛門) 밖으로 쫓아내도록 되어 있다. 그러나 소망어를 지으면 참회로써 그 죄를 면할 수가 있다.

그런데 여망어는 대망어도 소망어도 아닌 여유있는 망어이다. 방편으로 거짓말을 살짝 함으로써 더 좋은 일을 가져오게 하는 것이 여망어이다. 포수에게 쫓겨 뛰어가는 사슴을 보았지만, 포수에게 사슴이 간 반대쪽을 가르쳐주는 거짓말이 바로 여망어인 것이다.

자비구제(慈悲救濟), 남을 구하기 위하여 자비심으로 짓는 이 여망어를 하지 못하게 한다면 계율은 참으로 살아있는 계율이 될 수가 없다. 따라서 이러한 경우에는 망어계를 열어서[開] 기꺼이 범할 줄 알아야 한다.

대망어는 절대적으로 지키고[持] 소망어는 범하였으면 참회하며, 자비구제를 위한 여망어는 기꺼이 범할 줄 아는 도리가 계상인 것이다.

또 한 가지 예를 들어보자.

❖

 옛날 어느 마을에 가난한 선비가 살고 있었다. 그 선비는 거의 매일같이 마을 뒷산의 절에 올라가서 법문도 듣고 스님과 글도 짓고 이야기도 나누며 소일하였다. 그러다가 공양 때가 되면 밥 한술을 얻어먹고 집으로 돌아가곤 하였다. 요즈음 같으면 한끼 식사를 대수롭지 않게 생각하지만, 그 당시에는 밥 한 그릇만을 얻어도 신세를 많이 졌다고 생각하던 시절이었으므로 선비는 언제나 스님께 감사하는 마음을 품고 있었다.
 어느날 장에 나갔던 선비는 마침 물건을 사러 온 스님을 만났다. 스님을 본 선비는 너무나 반가웠고, '스님이 내려오셨을 때 한끼 식사라도 대접해야지.' 하며 집으로 모시고 갔다. 그리고는 아내를 따로 불러 말했다.
 "여보, 저분이 내가 항상 폐를 끼쳤던 윗절의 고마우신 스님이오. 혹 대접할 것이 없겠소?"
 "글쎄요? 밀이 한 주먹 있을까 모르겠습니다."
 "그것으로라도 어떻게 해보구려."
 비록 찢어지게 가난한 집안이었으나 부인은 정성을 다해 밀국수를 만들었다. 그리고 맛이 좋으라고 새우젓도 조금 넣고 파와 마늘도 썰어서 넣었다. 국수가 완성되자 남편 그릇에는 국물을 많이 넣고 스님 그릇에는 국수를 많이 넣은 다음 상을 차려 들고 갔다.

그러나 스님은 파·마늘 냄새가 싫었다. 거기에다 한 숟가락 떠서 입에 넣어보니 새우젓 맛까지 나는 것이었다.

"처사님, 저는 먹지 못하겠습니다."

"입에 맞지 않더라도 조금만 드시지요?"

"어찌 중이 파·마늘을 먹을 수 있겠소?"

그리고는 자리를 털고 일어나 가버리는 것이었다. 마음이 좋을 까닭이 없는 선비는 혼자 투덜거렸다.

"저분은 천생 중 노릇밖에는 못해 먹겠다. 저 옹고집으로 어떻게 중생을 교화할까? 남의 정성도 헤아릴줄 알고 중생을 위해 동사섭(同事攝)도 할 줄 알아야지. 사람이 저렇게 막혀서야……."

선비는 신심이 뚝 떨어져서 다시는 절에 가지 않았다고 한다.

이 이야기는 평범하나마 계상이 무엇인지를 잘 대변해주는 이야기이다. 선비 부부의 성의를 생각해서 스님이 파·마늘을 한쪽으로 젖혀놓고 국수 건더기만이라도 먹었으면 되었을 것인데, 굳이 숟가락을 놓고 가버리면 누군들 좋아하겠는가?

이것은 계행을 올바로 지키는 것이 아니다. 계상에 의거

하여 갖가지 차별상에 맞게 방편으로 따라줄 수도 있는 것이다. 계율을 위한 계율, 그것은 참된 지계정신이 아닐 수도 있다. 부처님께서는 계율을 참된 해탈법이 될 수 있게끔 하기 위하여 계법·계체·계행과 함께 계상을 설하신 것이다.

불자들은 부처님께서 제정하신 계법을 마음 깊이 새겨서 계체를 만든 다음 계행을 철저히 지켜야 한다. 그리고 중생 구제를 위해서는 계상의 문을 잘 여닫을 수 있어야 한다. 이렇게 할 때 계율은 진정한 해탈의 법이 될 수 있게 되는 것이다.

이제 계율의 의미 및 근본 계율인 삼귀의계와 5계에 대해 함께 살펴보도록 하자.

근본계율 — 삼귀의와 오계

선(線)을 잘 지켜라

계는 불교의 해탈법인 계·정·혜 삼학 가운데 하나이고, 보시·지계·인욕·정진·선정·지혜로 나누어지는 육바라밀(六波羅蜜)의 하나이며, 경·율·논 삼장(三藏) 중 율장에 해당하는 불교 도덕의 총칭이다.

이 계를 한마디로 풀이하면 '조심한다.'는 말이 된다. 무엇을 조심하라는 것인가?

첫째, 이 몸으로 손을 한번 들고 발을 한번 놓는 것이 죄 짓는 일이 아니면 복을 짓는 일이 되기 때문에 몸조심을 하여야 한다는 것이다.

둘째는 말을 조심해야 한다. 한마디 내뱉는 말로 복을 짓기도 하고 죄를 짓게 되기도 하기 때문이다.

셋째는 생각을 조심해야 한다. 한 생각 머금은 마음이 복을 짓는 생각이 아니면 죄를 짓는 생각이요, 한 생각 머금은 마음에 따라 나를 둘러싸고 있는 모든 세계가 바뀌게 되기 때문에 생각을 잘 다스리고 항상 조심해야 한다는 것이다.

이와같이 몸과 말과 생각을 조심하고 경계해야 한다는 계의 근본 뜻은 '戒'라는 한문 글자에도 잘 나타나 있다. 두 개의 말뚝을 견고하게 박아놓고〔丨 丨〕, 그 위에 간짓대를 걸었으니〔十十〕 울타리·바리케이트를 형성한 것이요, 그 위에 창〔戈〕을 설치한 것이다.

울타리를 만들어놓고 창을 쥐고 서서, "접근 금지! 이 선(線)을 넘어가지도 말고 넘어오지도 말라. 선을 잘 지켜라." 하는 뜻이 '戒'라는 글자 속에 담겨 있는 것이다.

우리 불자들은 이와같은 계율의 기본 의미를 명심하여 잘 지켜 나가도록 하여야 한다. 특히 근본계율인 삼귀의와 5계는 꼭 지키도록 노력해야 한다. 이러한 의미에서 모든 불자들이 익히 알고 있는 삼귀의계와 5계에 대해 거듭 간략히 설명하고자 한다.

삼귀의계(三歸依戒)

귀의불양족존(歸依佛兩足尊).
귀의법이욕존(歸依法離欲尊).
귀의승중중존(歸依僧衆中尊).

불자가 처음으로 의지하는 계는 부처님[佛]과 진리[法]와 진리에 의지하여 부처를 이루고자 노력하는 승가[僧]에 귀의하는 삼귀의계이다. 이 삼귀의계를 인도말로 옮기면 다음과 같다.

Buddham Saranam gacchami (붇담 사라남 가차미)
Dhammam Saranam gacchami (담맘 사라남 가차미)
Saṅgham saranam gacchami (상감 사라남 가차미)

이와같은 삼귀의가 단순한 귀의가 아니라 '계'가 되는 까닭은 그 속에 "절대로 하지 않겠습니다."라는 맹세가 담겨져 있기 때문이다.

귀의불양족존(歸依佛兩足尊).

"부처님께서는 복덕과 지혜, 이 두 가지를 다 구족(具足)하신 만고의 광명이기 때문에, 오직 부처님만을 의지하고 부처님 밖의 천마외도(天魔外道)는 의지하지 않겠습니다. 절대로 천마외도를 의지하지 않겠습니다."

귀의법이욕존(歸依法離欲尊).
"오직 무상보리(無上菩提)를 설하는 부처님의 법문에만 의지할 뿐, 외도의 사설(邪說)이나 외도의 전적(典籍)은 따르지 않겠습니다."

귀의승중중존(歸依僧衆中尊).
"먹고 싶은 것을 먹지 않고 갖고 싶은 것을 갖지 않고 하고 싶은 것을 하지 않는 청정한 승가(僧伽)에 의지할 뿐, 외도의 무당·점장이·역술가 등 사(邪)스러운 무리를 따르지 않겠습니다."

이와같이 삼보(三寶)에 의지함과 동시에 외도의 것을 따르지 않겠다는 맹세가 뒤따르기 때문에 '삼귀의계'가 되는 것이다. 이 삼귀의계와 함께 불자의 가장 근본이 되는 계는 5계이다.

5계

살생하지 말아라[不殺生].
도둑질하지 말아라[不偸盜].

사음·간음하지 말아라[不邪淫].

망언하지 말아라[不妄語].

술을 먹지 말아라[不飮酒].

이상의 다섯 가지가 불자의 기본 계율인 5계이다. 이들 계의 앞에 붙어 있는 '不'은 "…을 하지 않고 …이 되겠습니다." 하는 뜻이 담겨져 있다.

인도의 파리어(巴里語 : 남방불교 경전에 쓰이는 말)로는 **불살생계**를 '파안나티파타 베라마니(Pāṇatipātā veramaṇī)'라고 한다.

'안나티파타(aṇatipātā)'의 '안(an)'은 하지 않겠다는 뜻이고, '나티(nati)'는 정신적인 것, '파타(pātā)'는 육체적인 것을 뜻한다. 곧 "정신을 상해하지 않고 육체를 상해하지 않겠습니다."라고 맹세하는 것이다.

남의 속을 상하게 하는 사람은 필경 자기 속도 상할 날이 오는 것이고, 남의 몸을 때린 사람은 필경 내 몸에도 상처를 받기 마련이기 때문에, "언제나 자비심으로 모든 중생을 돕는 사람이 되겠습니다." 하는 것이 불살생계의 뜻이다.

불투도계는 '아딘나다나 베라마니(Adinnādāna veramaṇī)'라고 한다.

'딘나(dinnā)'는 '가진다, 취한다'는 뜻이고, '다나(dāna, 布施)'는 '준다'는 뜻이니, '아딘나다나(adinnadāna)'는 '주지 않은 것을 갖는 것'으로, 이를 도둑질이라고 한다.

"주지 않은 것을 가지지 아니하고 항상 복을 지어, 모든 중생에게 기쁨과 즐거움을 주는 사람이 되겠습니다." 하는 것이 불투도계의 뜻이다.

불사음계는 '아브라흐마차리야 베라마니(Abrahmacariyā veramaṇī)'라고 한다.

'브라흐마차리야(brahmacariyā)'는 '지극히 맑고 깨끗한 행동[梵行]'이라는 뜻이다. "불성실한 행동을 하지 않겠습니다. 겉으로만 사음과 간음을 하지 않는 것이 아니라 마음속으로, 참으로 마음속으로 맑고 깨끗함을 호지(護持)하겠습니다." 하는 것이 불사음계이다.

불망어계는 '무사바다 베라마니(Musāvādā veramaṇī)'라고 한다.

아닌 말, 그릇된 말, 옳지 못한 말로 풀이되는 이 망어(妄語)에는 네 가지 종류가 있다. 아닌 것을 맞다 하고 맞는 것을 아니라고 하는 망어(妄語), 비단쪽같이 꾸며서 하는 말인 기어(綺語), 여기에서는 이 말을 하고 저기 가서는 저 말을 하는 양설(兩舌), 흉칙하게 꾸짖고 욕하는 악구(惡口) 등이다.

"이러한 말들이 모두 남의 마음을 상하게 하는 것이 되기 때문에 하지 않겠습니다." 하고 맹세하는 것이 불망어계이다.

불음주계는 '술라메라야마자 파마다티타나 베라마니(Sura merayamajja pāmādāṭṭhānā veramanī)'라고 한다.

이상한 것은 인도에서도 우리나라와 같이 술(酒)을 '술(sur)'이라고 발음한다. 술술 마시기 때문에 술이라고 하는지는 알 수 없으나, '술라메라야(surameraya)'라고 할 때는 술을 먹고 취한 것을 못마땅하게 보는 것처럼, 고개를 절레절레 흔들면서 외운다.

"술을 먹고 취하여 정신을 못 차리는 행위는 불자의 기본 자세가 아니기 때문에 마시지 않겠습니다." 이렇게 맹세하는 것이다.

이상의 기본 5계는 모든 불자들이 반드시 지켜야 한다. 불자라면 술을 먹고 정신을 못 차리거나, 거짓말을 밥먹듯이 하거나, 사음·간음을 하고 바람을 피우며 다니거나, 남의 물건을 훔치거나, 자비심 없이 살생을 하거나 남의 속을 상하게 하는 일을 함부로 저질러서는 안된다.

만약 5계를 지키지 못하면 참선도 올바로 할 수 없고 지혜도 생겨나지 않으며, 해탈 또한 영원히 얻을 수 없게 되기 때문이다.

특히 이 다섯 가지 계 중 불음주계를 제외한 네 가지를 성계(性戒)라고 한다. '性'은 마음 심방[忄] 변에 날 생(生)자를 써서 마음이 나는 곳, 곧 '마음의 바탕'이라는 뜻을 지니고 있다. 그러므로 성계는 그와같은 행위를 범하는 자체가 바로 죄가 되는 게이다. 따라서 이 성계는 절대적으로 지켜야 한다.

이에 비해 불음주계는 술을 마시는 행위 자체가 죄가 되는 것이 아니라 술을 먹음으로 해서 잘못을 저지르게 되기 때문에 반성반차계(半性半遮戒)라고 한다. 따라서 불음주계는 다소나마 융통성이 있다.

한걸음 더 나아가 불살생·불투도·불사음·불망어·불음주의 5계 뒤에는 자비(慈悲)·복덕(福德)·청정(淸淨)·진실(眞實)·지혜(智慧)라는 적극적인 의미가 숨겨져 있다.

중생을 죽이지 않는 것으로 만족할 것이 아니라 자비심으로 뭇 생명 있는 이를 구원하고, 도둑질을 하지 않음은 물론 남에게 두루 베풀어 복덕을 키워 나가야 하며, 사음을 하지 않음은 물론 청정을 이루어 모든 중생이 그 속에 들어와 맑게 깨어날 수 있도록 해야 한다. 그리고 헛된 말을 떠나 진실을 이루고, 술을 먹지 않는다는 차원을 벗어나서 지혜를 더욱 발현시켜야 한다는 것이다.

이와같은 까닭으로 나는 신도들이 모인 법회를 주관할 때 언제나 다음과 같은 5계의 노래를 부르도록 가르치고 있다.

  살생하지 아니하고 자비심을 가지리다
  투도하지 아니하고 복덕을 지으리다
  사음·간음하지 않고 청정행을 지키리다

망어를 하지 않고 진실을 말하리다
음주를 아니하고 지혜를 키우리다

 우리 불자들은 단순히 몸조심을 하고 말조심을 하고 행동을 조심하여 신·구·의 삼업을 잘 다스린다고 하는 계율의 소극적인 의미를 넘어서야 한다. 그리하여 마음으로 자비와 지혜를 기르고, 입으로 진실을 가꾸며, 행동을 통하여 복덕과 청정행을 쌓아가야 한다. 이것이 근본 5계 속에 담겨 있는 참 정신인 것이다.

계율의 큰 이익

 계율을 달리 해탈을 이루게 발을 보호하는 법 — 바라제목차(波羅提木叉)라고 한다. 파라(para, 波羅), 곧 '이상향의 세계로 나아가는 발을 보호하는 법'이라는 뜻이다. 이것을 한문으로는 계족(戒足)이라고 번역한다. 왜 계족이라 하였는가?
 피안의 세계로 나아가기 위해서는 무엇보다 발이 튼튼해야 하기 때문이다. 생각해보라. 팔은 하나가 완전히 없어져도 걸어갈 수 있지만 발은 다르다. 새끼 발가락 하나만 다쳐도 걷기가 힘들어진다. 이와같이 계율은 해탈의 이상향으로 직접 걸어서 나아가는 그 발을 보호하는 것이요, 계율

그 자체가 밭이 되기도 하는 것이다. 그러므로 계법을 존경하고 잘 가지라고 한 것이다.

 그럼 이 계를 잘 지킬 때 어떤 이익이 있는가?

 수계식 때 계를 설하기 전에 외우는 <송계서 誦戒序>에는 다음과 같은 구절이 있다.

> 이 계를 가지는 자는
> 어두운 곳에서 밝음을 만남과 같으며
> 가난한 이가 보배를 얻음과 같으며
> 병든 이가 쾌차해짐을 얻음과 같으며
> 갇혔던 이가 감옥을 벗어남과 같으며
> 멀리 갔던 이가 집에 돌아옴과 같으니라
> 마땅히 알라
> 이 계는 곧 대중들의 큰 스승이니라
> 만약 부처님께서 세상에 더 계실지라도
> 이와 다름이 없으리라

이를 하나하나 풀이해보자.

① 어두운 곳에서 밝음을 만남과 같다

 이 사바세계를 살아가는 중생의 삶은 깜깜한 밤에 산길을 가는 것이나 다를 바가 없다. 한치 앞을 내다보지 못하고 발길 가는 대로 살아가고 있는 것이다.

  소나기까지 쏟아지는 칠흑 같은 밤에 산길을 걷고 있다고 상상해보라. 한발 잘못 디디면 천길 낭떠러지로 떨어지는데 길은 어떻게 뻗었는지 보이지 않고……. 반 발자국씩 내딛으며 전진은 하지만 결코 그 발끝을 믿을 수가 없다. 바로 그 순간 번갯불이 번쩍 하는데 오른쪽에 곧게 뻗은 길이 보이는 것이다.

  "옳거니! 길이 바로 저쪽에 있었구나."

  이와같이 계를 가지면 어두운 인생길에서 밝음을 얻음과 같다는 것이다.

  이를 달리 비유하면, 수십 년 어두웠던 방이라 하더라도 촛불 하나를 밝히면 수십 년 동안의 어두움이 순식간에 사라져버리는 것과 같다.

  수십 년 동안 번뇌망상과 죄업 속에서 살았을지라도 계를 받는 그 순간부터 밝은 삶은 보장되는 것이다.

② 가난한 이가 보배를 얻음과 같다

  가난이 무엇인가?

  가난은 바로 우리들 마음속의 탐욕심(貪欲心)이다. 사람들은 흔히 가난하기 때문에 탐욕을 부린다고 하지만, 그와같이 생각하는 이는 부자가 되어도 탐욕을 버리지 못한다. 돈은 있다가도 없고 없다가도 있는 것이다.

그러므로 물질이 가난의 척도가 될 수 없다. 이 가난은 마음이 넉넉할 때만 벗어버릴 수 있다.

아무리 맛이 있는 산해진미라도 위장이 나쁜 사람에게는 필요가 없고, 비록 꽁보리밥에 생된장이라도 위장이 좋은 사람한테는 나무랄 데 없는 요기가 된다. 위장이 좋은 것이 보배요, 몸 건강한 것이 보배요, 속이 상하는 일을 만났을 때 웃을 수 있는 마음자세를 가질 수 있으면 그것이 보배인 것이다.

계는 능히 마음을 건강하게 만들어준다. 올바른 신심이 마음을 넉넉하게 만들어준다. 계를 지닐 때 탐욕으로 인한 가난은 저절로 사라지고, 우리의 마음은 정법(正法)의 보배로 가득 채워지게 되는 것이다.

③ 병든 이가 쾌차해짐을 얻음과 같다

결론부터 말하면 계는 어떤 마음의 병이라도 능히 고칠 수 있다는 것이다.

한의학은 "병이 사람을 죽이는 것이 아니요, 약이 사람을 살리는 것이 아니다(病不能殺人 藥不能活人)."라는 말에서부터 시작된다. 곧 사람이 죽고 사는 것은 명(命)에 달려 있다는 것이다.

그런데 이 명은 업(業)이 좌우한다. 중생의 업력(業力)이 바로 천명인 것이다. 그리고 업은 우리들의 마음속에서 불현듯이 일어나는 탐욕과 성냄과 어리석음의 삼독심(三毒心)에 의해 더욱 깊이 쌓이는 것이다.

그러나 계를 받아 지니면 불현듯이 일어나는 삼독심이 저절로 고개를 숙이면서 청정한 계행과 선정과 지혜가 그 자리를 대신하게 된다. 따라서 우리는 무명업력(無明業力)이 아닌 해탈력(解脫力)에 의해 살아가는 존재로 바뀌게 되는 것이다.

마음이 맑으면 몸이 맑아지고 몸이 맑으면 병은 자연히 사라지기 마련이다. 어찌 계를 지니는 힘이 크다고 하지 않을 수 있겠는가?

④ 갇혔던 이가 감옥을 벗어남과 같다

중생이 살고 있는 이 세상은 감옥과도 같다. 처자권속(妻子眷屬)의 인간관계로 얽혀 있고, 시간과 공간과 물질 속에서 얽매여 살아야 하기 때문이다. 그러나 어느 장소와 어느 시간도 실제로 우리를 얽어매고 있지는 않다. 단지 나 자신의 업력이 그 모든 것과의 관계를 부자유스럽게 만들고 있는 것뿐이다.

그러나 계를 받아 지니면 이와같은 부자유는 저절로 사라지고, 우리가 살고 있는 현실은 감옥이 아니라 자유의 세계로 바뀌게 된다. 삼독을 벗어난 맑은 삶, 당당한 삶, 자유로운 삶을 계율이 보장해주기 때문이다.

⑤ 멀리 갔던 이가 집에 돌아옴과 같다

이 비유 속에는 '멀리 갔다.'는 말과 함께 집으로 '돌아온다.'는 표현이 있다. 어느 곳으로 멀리 갔으며, 어디에 있다가 이제야 집으로 돌아온다는 것인가? 이 비유를 천리 만리 떨어신 타향으로 객관화시킬 필요는 없다. 바로 현실 속의 우리를 생각해보면 된다.

시작 없는 옛적부터 중생들은 고향을 등지고 살아왔다. 일심(一心)의 원천을 등지고 무명의 바람에 휩싸여 끝없이 흘러다니고 있는 것이다. 이제 계를 받아 몸과 말과 뜻을 거두어 잡음으로써 우리는 그 오랜 방황을 끝내고 일심의 원천으로 되돌아갈 수가 있다. 마침내 도달하게 되는 마음의 고향! 이것을 이 비유에서 '집에 돌아오다.'라고 한 것이다.

이상의 다섯 가지 비유에서 살펴본 바와 같이 계율은 올바른 삶을 제시하고 마음의 풍요를 줄 뿐 아니라 참된 해탈의 세계, 참된 고향으로 우리를 인도하는 더 없이 소중한 스승이 된다. 그러므로 이 송계서에서는 "부처님께서 이 세상에 더 계실지라도 이와 다름이 없다."고 하신 것이다.

진정 계율을 부처님과 같이 받들고 지니고 존경하는 불자가 되어보라. 차츰 마음이 평화로워지고 행복이 충만하여 마침내는 해탈을 이룰 수 있게 될 것이다. 부디 삼귀의와 5

계의 정신으로 살아가는 참 불자가 되기를 거듭거듭 축원해 본다.

제5장

자기를 돌아보는 공부

지금이 가장 좋은 기회이다.
지금 이 자리에서, 부처님의 법에 의지하여
날마다 새롭게 부지런히 정진해야 한다.
참선·염불·기도·경전공부, 그 무엇이라도 좋다.
자기의 형편에 맞는 수행법을 정하여
매일매일 조금씩이라도 정진하여야 한다.

도 닦을 기회는 지금

끝이 없는 세상의 일

일체유심조(一切唯心造).

모든 것은 마음자리 주인공이 만들어낸다. 이 마음이 부처도 만들어내고 중생도 만들어내고, 천당도 지옥도 만들어낸다. 이 마음이 씨앗이 되고 작용을 하여 모든 것을 창조한다. 나와 너뿐만이 아니라 크고 작고, 길고 짧고, 착하고 악하고, 아름답고 추하고, 친하고 성글고, 살고 죽고, 성하고 쇠한 중생세계가 쫙 펼쳐지게 되는 것이다.

우리의 겉모습 또한 마찬가지이다. 우리가 마음을 어떻게 갖느냐에 따라 각기 다른 껍질을 덮어쓰게 된다. 돼지의 마음을 가지고 있으면 돼지가 되고, 호랑이의 마음을 가지고 있으면 호랑이가 되고, 모기의 마음을 가지고 있으면 모기가 되는 것이다.

❁

　부처님의 십대제자 중 한 사람인 아난(阿難) 존자가 조용히 앉아 있을 때, 모기 한 마리가 '앵' 하며 날아와 뺨에 붙었다. 그런데 이를 쫓는다고 건드렸더니 모기가 그만 죽어 버렸다. 아난존자는 죽은 모기를 손바닥에 놓고 왕생극락을 기원하며 염불을 하다가, 모기의 전생을 관(觀)하여 보았다.
　그 모기는 삼생(三生) 전 인도 천지를 뒤흔들던 대장군이었다. 그러나 장군은 강한 자에게는 약하고, 약한 자에게는 강한 사람이었다. 특히 왕에게는 지나치게 아부를 하였다. 그 결과 장군은 다음 생에 기생의 팔자를 타고 태어나 뭇 남성들에게 갖은 애교를 떨며 돈을 모았고, 남자들의 진액을 빨아들이며 한평생을 보내다가 죽었다.
　마침내 다음 생에는 '앵―' 간드러지는 소리를 내며 날아들어 사람의 피를 빨아먹는 모기가 되고 말았던 것이다.

　그러므로 세상살이에 있어 가장 중요한 것은 "어떤 마음가짐을 갖고 사느냐." 하는 것이다.
　다행히 우리는 사람의 몸을 받았다. 생각하는 동물, 만물의 영장으로 태어난 것이다. 이때를 결코 놓쳐서는 안된다. 바로 이때 마음을 좋고 또 좋게 써서 보다 높은 삶의 길로 나아가야 한다.

금생을 놓치면

실로 사람들은 도를 닦고 싶지 않아서가 아니라 얽히고 설킨 세상일에 묶여서 도를 닦지 못한다. '이번 한번만', '이 일만 끝나면' 하면서 다음으로 미루다가 어느날 갑자기 염라대왕의 부름을 받게 되는 것이다.

다음 다음으로 미루는 것이 끝이 없다는 것을 모르는 바도 아니다. 그러나 사람들은 눈앞의 애착을 용기 있게 끊어 버리지 못한다. '이번만 하고 다시는 안 해야지', '오늘까지만 하고 절대로 하지 않는다.'는 맹세를 수없이 하지만, '제2(第二)'의 일은 끝없이 반복되는 것이다.

❦

히말라야의 설산(雪山)에 집 없는 새가 살고 있었다. 낮에는 따스한 햇볕을 받으며 이 가지 저 가지로 옮겨다니면서 즐겁게 놀지만, 밤만 되면 추위에 떨면서 결심을 한다.

"아이, 추워. 내일은 반드시 집을 지어 따뜻하게 잠을 자야지."

그러나 날이 밝으면 간밤의 고생과 다짐은 모두 잊어버리고, 다시 노래하고 과일을 따먹으며 노는 데만 정신이 팔려 하루를 보낸다. 그리고 또 밤이 되면 어김없이 스스로에게 맹세한다.

"내일은 놀지 말고 일어나자마자 집부터 지어야겠다. 바닥은 단단한 것으로 하고, 벽은 길상초로 바르고, 지붕은 커다란 잎으로 잘 덮어서 내일부터는 고생을 면해야지."

그러나 아침이 되면 다시 어제와 다름없이 반복된 생활을 하기 때문에 평생 동안 집을 짓지 못하고 살아가는 것이다. 그래서 영원히 집이 없는 새 신세를 면하지 못한다.

히말라야의 집 없는 새와 마찬가지로 우리 인간들도 내일을 기약하면서 속절없이 한 생을 마치고 만다.

"오늘은 헛되이 하루를 보냈지만 내일부터는 잘하면 될 것이다. 금년에는 이 일 저 일로 번뇌가 많았지만 내년부터는 열심히 용맹정진할 것이다."

미루는 그 마음은 끝이 없는 것이다.

❧

도가 높은 스님에게 불교 신도인 속가의 친구가 있었다. 스님은 어느날 친구인 장조류(張曹流)를 찾아가서 간곡히 권하였다.

"여보게. 자네도 이제 죽을 때가 그리 멀지 않았으니 발심하여 염불도 하고 참선도 좀 하는 것이 어떻겠는가?"
"그렇지 않아도 그럴 생각이라네. 단, 내가 세 가지 중요한 일이 남아 있어서 그 일만 마치면 곧 할 생각이네."
"그 세 가지 일이 무엇인가?"
"첫째는 지금 하는 일로 돈을 벌어서 부자가 되는 것이고, 둘째는 아들 딸 모두 좋은 데 혼인을 시키는 것이고, 셋째는 아들들이 출세하는 것을 보는 것이라네."
"자네 생각이 정 그렇다면 하는 수 없지. 그렇게 하게나."
그런데 장조류는 세 가지를 다 이루기도 전에 죽어버렸고, 스님은 문상을 가서 조문(弔文)을 지었다.

나의 친구 장조류여
염불 권하자 세 가지 일을 마친 후에 한다고 했지
염라대왕 그 양반도 분수가 어지간히 없네
세 가지 일을 마치기도 전에 갈고리로 끌고가다니

　　吾友名爲張曹流
　　勸伊念佛說三頭
　　可怪閻公無分曉
　　三頭未了便來鉤

스님의 조문은 염라대왕을 나무라는 듯이 지었지만, 염라대왕은 곧 나의 업(業)이므로 누구도 말릴 수가 없다. 부질없는 세상 애착에 끄달려 마음 닦는 공부를 내일로 내일로 미루다가 덧없는 뜬 목숨을 마치고 마는 것이다.

세상일은 번뇌가 만들어낸다. 그러므로 세상일은 끝이 없고, 끝없는 번뇌가 만들어낸 세속의 일이기에 중생들은 버리지를 못한다. 오히려 이런저런 잔꾀를 내어 끝없이 계획하고 일을 저질러버린다. 열심히 공부만 하고 일을 잘하던 사람도 돈이 생기면 '이것으로 무엇을 하고 어떻게 쓸까?' 하면서 끝없는 궁리를 펴게 된다. 꾀라는 것은 끝이 없어서 아무리 '이것만 하고 공부해야지.' 하고 결심을 해보아도 꾀에게는 당해내지 못하는 것이다.

만약 정말로 하고자 한다면 지금이 바로 그때이다. 바로 이 순간이 가장 좋은 때요, 이 자리가 가장 좋은 장소인 것이다.

옛 스님들은 말씀하셨다. 사람의 몸을 받아 태어나는 것이 눈먼 거북이 구멍 뚫린 나무를 만나는 것처럼 어렵다는 것을…….

맹구우목(盲龜遇木)! 천년에 한번씩 바다 위로 나와 바람을 쐬는 눈먼 거북. 그렇지만 눈이 멀어 몇번 허우적거리다가 걸리는 것이 없으면 도로 물 속으로 들어갈 수밖에 없다. 그런데 마침 가운데에 구멍이 뻥 뚫린 나무토막 하나가 파도를 타고 떠내려와서 거북의 몸에 걸리게 되면, 거북은 얼마 동안 편안하게 휴식을 취한다는 것이 맹구우목의 이야기이다.

이 얼마나 드문 일인가? 이처럼 사람으로 태어나기가 어려운 일이요, 부처님의 법을 만나기는 더욱 어려운 일이다. 다행히 우리는 부처님 법까지 만났다. 그렇지만 열심히 도를 닦으려고 하는 사람은 그다지 많지가 않다.

곰곰이 생각해보라. 우리의 인생은 그다지 긴 것이 아니다. 오늘 하루 편안한 것으로 만족할 일이 아니다. 어렵고 힘든 일, 특히 죽음의 공포가 눈앞에 다가오면 그 어떠한 것도 힘이 되어주지를 못한다. 내가 지은 업만이 나를 따를 뿐이요, 힘써 닦은 도의 힘만이 나를 구원해줄 수가 있다.

※

우리나라 선종의 중흥조로 추앙받고 있는 경허(鏡虛) 선사는 14세에 출가하여 동학사 만화대강사(萬化大講師) 밑에서 경전을 공부하였고, 23세의 어린 나이에 동학사 강원의 강사로 추대되었다.

경허스님은 모든 학인(學人)들의 추앙을 받으면서 8년 동안 편안한 생활을 하다가, 어느날 문득 은사 계허(桂虛) 스님이 그리워져 여행길에 올랐다. 스님이 어느 마을에 접어들자 날은 어두워지기 시작했고, 갑자기 폭우가 쏟아졌다. 스님은 인가를 찾아 대문을 두드렸다.

"갑자기 비를 만나서 그럽니다. 하룻밤 신세를 질 수 없겠습니까?"

"아니 되오."

주인은 박절하게 거절하고 문을 꽝 딛아버렸다. 노다른 집의 대문을 두드렸으나 이번에는 문도 열어주지 않고 퉁명스럽게 거절했다. 세번째 집에서는 노인 한 분이 나와 점잖게 타일렀다.

"스님, 이 마을에서 묵을 생각은 아예 하지 마시오."

"왜요?"

"지금 이 마을에는 악성 돌림병이 유행하고 있소. 그 병에 걸린 사람은 영락없이 죽으니 어서 빨리 떠나시오."

그때 반대편 집에서 장정이 송장을 업고 나오는 것이 보였다. 순간 경허스님은 온몸에 소름이 끼치고 머리가 쭈뼛 서는 것을 느꼈다. 이제까지는 꿈에서조차 생각하지 않았던 죽음의 환상이 눈앞을 스치고 지나갔던 것이다.

얼른 마을을 벗어나기는 하였으나 억수같이 쏟아지는 비 때문에 멀리는 갈 수 없었던 스님은 마을에서 조금 떨어진 정자나무 아래에 서서 그 마을을 돌아보았다. 그곳은 죽음의 성과 같이 느껴졌고, 금방이라도 유령이 튀어나와 덮칠 것 같았다. 스님은 하룻밤 내내 정자나무 아래 선 채 죽음의 공포와 싸웠다. 그리고 가사 장삼 걸치고 부처님 전에 예배 드릴 때의 거룩함도, 학인들을 가르칠 때의 위엄도 모두 헛것에 불과했음을 깨달았다.

'인간은 어디서 와서 어디로 가는가? 이 세상에 태어나기 전의 나는 무엇인가? 그리고 죽은 후에는 어디로 가는가?'

생사에 대한 의문은 끝없이 이어졌고, 마침내 스님은 결심을 굳혔다.

'생사일대사(生死一大事). 이것을 해결하지 못하면 아무 것도 아니다. 생사를 넘어서는 공부를 해야 한다. 공부를!'

날이 밝자 스님은 동학사로 돌아와서 학인들을 모은 다음 강원의 해산을 선포했다.

"여러분은 나에게서 무엇을 배우려 하지 마시오. 나의 가르침은 살아 있는 가르침이 아니오. 이제부터 나는 나의 문제와 목숨을 건 대결을 하고자 하오."

그날부터 스님은 문을 걸어 잠그고 뼈를 깎는 참선정진을 시작했다. 턱 밑에 뾰죽한 송곳을 세워 졸지 못하도록 하였고, 망상이 판을 치면 바늘로 허벅지를 찌르며 화두를 새겼다.

치열한 용맹정진을 시작한 지 불과 석 달째 되던 날, 시봉을 들던 제자 원규(元奎)가 동학사 밑에 살고 있던 이처사(李處士)로부터 "소가 되더라도 콧구멍 없는 소가 되어야지."하는 말을 듣고 의심이 생겨 그 뜻을 물어왔다. 순간 스님은 생사일대사를 해결하고 대오(大悟)하였다. 그때가 1880년 11월, 경허선사의 나이 31세 때였다.

경허스님처럼 죽음을 생각해보라. 인생의 무상함을 생각해보라. 금생을 놓치면 도를 닦을 기회는 쉽게 돌아오지 않는다. 지금 도를 닦지 못하고 헛되이 죽어버리면 다시 사람의 몸을 받더라도 도를 닦을 인연이 주어지지 않는다.

지금이 가장 좋은 기회이다. 지금 이 자리에서, 부처님의 법에 의지하여 날마다 새롭게 부지런히 정진해야 한다. 참선·염불·기도·경전 공부, 그 무엇이라도 좋다. 자기의 형편에 맞는 수행법을 정하여 매일매일 조금씩이라도 정진하여야 한다.

자세가 흩어지면 처음 도심을 일으켰을 때의 마음으로 돌아가서 새롭게 시작하여 보라. 항상 시작하는 마음으로 꾸준히 정진하여 보라. 이렇게 정진하다보면 틀림없이 올바른 깨달음을 이룰 수 있고, 나의 자유와 함께 뭇 생명 있는 자를 제도할 수 있는 힘이 생기게 되는 것이다.

신심 속에 깨달음이

다시금 마음을 모으자. 모든 것은 나에게 달려 있다. 깨달음을 이루느냐 이루지 못하느냐, 그것은 오직 나에게 달려 있다. 나의 신심(信心)에 달려 있다. 결코 물러서지 않는 불퇴전(不退轉)의 신심으로 나아가면 틀림없이 견성성불할 수 있는 것이다.

불교사(佛敎史) 전체를 통하여 볼 때 금광불괴(金剛不壞)의 신심으로 정진하여 도를 이룬 분은 너무나 많다. 그중 많은 수행자의 귀감이 되고 있는 송나라 법원(法遠) 선사의 구도 이야기를 함께 살펴보도록 하자.

※

젊은 시절, 법원스님은 의회(義懷) 스님 등 70여 명의 수행자와 함께 전국 선원(禪院)의 선지식을 찾아다니며 공부를 하다가, 귀성(歸省) 화상을 찾아갔다. 이들 일행이 절에 들어서자마자 귀성화상은 대뜸 고함을 지르며 욕설을 퍼부었다.

"이 땡추 중놈들아! 여기가 어디라고 몰려왔느냐? 떼를 지어 몰려다니며 처먹고 지랄하는 너희 놈들에게 줄 쌀은 단 한 톨도 없다. 꺼져라, 꺼져."

상면의 인사도 드리기 전에 욕부터 잔뜩 얻어먹었지만 70여 명의 수좌들은 조금도 흔들림 없이 귀성화상 앞에 앉았다. 선방의 입방(入房)을 허락하지 않으면 언제까지라도 그 자리를 떠나지 않겠다는 자세였다. 이를 본 귀성화상은 더욱 노발대발하면서 물통을 들고와 수좌들의 머리 위에 퍼부었다.

그러나 물 세례에도 자세를 흩뜨리는 수좌가 없자 이번에는 부엌으로 달려가 아궁이에서 재를 퍼다가 미친 사람처럼 수좌들의 머리 위에 퍼부었다. 물에 빠진 생쥐가 잿더미 위를 뒹군 꼴이 되어버린 수좌들은 더 이상 참지 않았다.

"에잇! 우리가 눈이 삐었지. 저런 미친 늙은이를 도인스님으로 알고 찾아왔으니! 돌아가자, 돌아가!"

모두들 성을 불끈 내면서 돌아가고, 마침내 법원스님과 의회스님만이 남았다. 귀성화상은 다시 발을 구르며 호령을 했다.

"저놈들은 다 도망을 쳤는데, 너희 두 놈은 무얼 얻어먹겠다고 아직까지 버티고 있느냐?"

"저희는 오래전부터 노스님의 도력을 흠모하였사온데, 오늘에야 겨우 스님을 친견할 수 있게 되었습니다. 어찌 한 동이의 물과 한 삼태기의 재에 귀중한 법을 버리고 가오리까? 목숨이 끊어지기 전에는 결단코 이 자리에서 물러가지 않겠습니다."

"너희 두 놈은 조금 쓸 만한 것 같다. 마침 우리 절에 대중의 음식이나 침구를 관리하는 전좌(典座) 소임이 비었으니 그것이나 맡아 보아라."

"분부대로 행하여 법은(法恩)에 보답하겠습니다."

법원과 의회스님은 그 순간부터 고달프게 일을 하면서 공부를 하였다. 그러나 그 절은 고담(枯淡)하기 짝이 없었다. 수좌들의 식사는 가축의 먹이와 다를 바가 없었다. 이런 상황에서 전좌의 직책을 감당하기란 실로 눈물겨웠으며, 공부하는 수좌들에게도 여간 미안하지 않았다.

어느날, 귀성화상이 출타한 틈을 타서 수좌들이 전좌인 법원스님에게 몰려와 특별공양을 청하였다.

"날마다 사람으로서는 차마 먹지 못할 것을 음식이라고 먹으니 힘이 하나도 없고, 힘이 없으니 도를 닦기도 힘듭니다. '도깨비 몰래 빨래한다.'고, 노스님 안 계실 때 흰죽이나 한번 쑤어 먹읍시다."

도원스님은 전부터 늘 딱한 마음을 갖고 있던 참이라 선뜻 응하여 부랴부랴 죽을 쑤었고, 대중들은 배가 잔뜩 부르게 실컷 먹었다.

얼마 후 귀성화상이 절에 돌아오자 한 승려가 이를 일러 바쳤고, 노발대발한 화상은 당장 죽을 쑨 장본인을 불러오라고 불호령을 내렸다. 법원스님은 모든 것을 각오하고 화상 앞으로 나아가 용서를 빌었다. 그러나 귀성화상은 용서를 몰랐다.

"네 이놈! 누구 허락을 받고 죽을 쑤어 주었느냐? 그런 호의는 나중에 네놈이 주지가 될 때나 베풀어라. 건방진 놈! 이 산의 법규(法規)를 네 멋대로 어지럽혀? 너 같은 놈은 도저히 용서할 수 없다. 단 한줌의 먼지라도 삼보의 재산에 함부로 손을 대어서는 안되는 법이야!"

귀성화상은 추상같이 꾸짖더니 즉석에서 감찰업무를 맡아 보는 지사승(知事僧)을 불렀다.

"법원의 모든 소유물을 빼앗아라. 그것을 모조리 팔아 절의 재산으로 납부토록 하라."

일은 그것으로 끝나지 않았다.

"법원, 너는 즉시 이 절을 떠나라."

법원스님이 절에서 쫓겨나게 되자 산중의 노장스님들과 유력한 신도들이 귀성화상을 찾아가 누누이 용서를 빌었다. 그러나 귀성화상의 노여움은 타는 불에 기름을 부은 듯 더욱더 충천하였다.

하는 수 없이 빈손으로 쫓겨난 법원스님은 거리를 방황하다가, 귀성화상 몰래 절로 돌아가 마루 밑에 숨었다. 오직 귀성화상의 법문을 듣겠다는 일념으로 먼지와 습기가 가득 찬 마루 밑에서 주먹밥 한 덩이씩을 얻어먹으며 목숨을 부지하다 보니, 스님의 몰골은 산송장이나 다를 바가 없었다. 그러나 마루 밑에서의 변함없는 정진은 스님을 진흙 속의 연꽃과 같은 경지로 끌어올리고 있었다.

어느날 귀성화상은 외출을 하려고 막 방장실을 나오다가 문득 법원스님의 모습을 발견하였다. 귀성화상은 큰 봉변이나 당한 듯이 소리소리를 지르며 달려들었다.

"이놈! 대관절 그 꼬락서니를 하고 여기 얼마나 있었느냐?"

"예, 한 반 년은 있었습니다."

"뭐? 반 년이나 있었다고? 그래 그럼, 그동안 숙박료는 얼마나 내었느냐?"

"아직 한푼도 안냈습니다."

"야, 이 도둑놈아! 당장 숙박료를 전부 따져서 냉큼 내놓아라. 만약 한푼이라도 덜 내었다가는 관(官)에 고발하여 감옥에 집어넣으리라."

법원스님은 마루 밑에서 쫓겨나면서도 귀성화상을 원망하지 않았다. 오히려 공동묘지, 다리 밑, 굴, 남의 집 헛간 등을 옮겨다니며 부지런히 탁발하여 귀성화상이 요구했던 숙박료를 깨끗이 갚았다. 그리고 탁발 중에도 멀리 귀성화상의 모습이 보이면 그자리에 엎드려 지극정성으로 절을 하였다.

이렇게 몇 달이 지난 후, 귀성화상은 돌연히 산중의 대중 모두를 법당으로 집합시켜 법문을 시작했다.

"이 산의 고불(古佛), 그리고 대중들은 들어라."

그러자 대중들이 모두 의아해 하면서 여쭈었다.

"노스님, 이 산중에 스님 외에 또 다른 고불이 있습니까?"

"그렇다. 법원스님이야말로 진고불(眞古佛)이니라. 대중들은 즉시 거리로 모두 나가 법답게 법원스님을 맞아들일지어다."

이렇게 귀성화상은 법원스님을 영접하여 대중들 앞에서 불조정전(佛祖正傳)의 대법을 전하는 건당식(建幢式)을 거행하였다.

법원선사와 같은 구도자세, 이러한 신심이라면 견성성불도 어렵지 않다. 견성성불이 피해가고 싶다 할지라도 결코 피해갈 수가 없다. 이에 더 이상의 설명은 필요하지 않을 것이다.

깨달음은 스스로 다가온다

자기를 경책하라

자기를 찾는 공부. 자기를 돌아보는 공부. 마음자리 주인공을 찾는 공부. 이 공부는 마땅히 평생을 두고 해야 할 공부이다. 조금 해보고 잘 안된다고 해서 나약해지거나 희망을 잃어서는 안된다.

오히려 그 순간이 더욱 중요하다. 앞서 도를 깨달은 무수히 많은 분들을 생각하며 용맹심을 일으키면, 나도 모르는 사이에 깨달음이 나에게로 다가온다.

많은 옛 스님들은 후학들의 용기를 북돋우기 위해 이렇게 말씀하셨다.

"그대는 보지 못하였는가? 역대의 모든 부처님과 조사들이 옛날에는 우리와 같은 범부였음을! 저도 장부(丈夫)요 그대도 장부. 다만 하지 않아서 그런 것일 뿐, 할 능력이 없는 것은 아니니라."

이 말씀을 다시 한번 풀어보도록 하자.
"이미 지난 세상에 도를 이룬 분들을 살펴보라. 모두가 그대와 다를 바 없는 범부였다.
 석가모니불이 원래 부처였더냐? 역대의 조사스님이 원래 도인이었더냐? 아니다. 그분들도 이전에는 범부였다. 업에 휩싸여 멍텅구리 바보처럼 지낸 때도 있고 세상 명리에 사무쳐서 허덕인 때도 있었다. 우리와 다른 점이 있다면 어느 날 홀연히 제행무상(諸行無常)을 절감하고 도심을 일으켜 용맹정진한 것이요, 그래서 마침내 무상정등정각을 이룬 것이다.
 생각해보라. 그분들만 대장부였던가? 그대는 졸장부인가? 그대도 틀림없는 대장부! 용기를 잃지 말라. 쉽게 포기하고 물러서지 말라.
 그대에게도 불성(佛性)이 있거늘, 어찌 부처될 능력이 없다고 하겠는가. 하면 된다. 하기만 하면 틀림없이 부처가 될 수 있다. 부디 불성을 발현시켜 부처가 되어라. 틀림없이! 틀림없이 그대도 부처가 될 수 있다. 틀림없이 부처가……"

이렇게 스스로를 격려하면서 정성을 기울여 마음공부를 해보라. 하루에 다만 30분이라도 자기를 돌아보는 공부를 해보라. 망상이 일어나거든, "네 이놈, 네놈 말만 듣고 살다가 내 신세가 요 모양 요 꼴이 되었으니 이제는 내 말 좀 들어라. 누가 이기나 한번 해보자." 하면서 도리어 용맹심을 내어야 한다. 망상과 산란과 무명(無明)의 불이 나의 공부를 방해하더라도 결코 두려워할 필요는 없다. 무명의 불이 비록 흉악하고 가치없는 불이지만, 오히려 그 불이 작용하여 더욱 뛰어난 대장부를 단련해내기 때문이다.

특히 밤잠을 자지 않고 공부를 하다보면 머리가 아프고 가슴이 답답하고 등줄기와 허리, 삼백육십 골절의 마디마디가 쑤시고 아프기 짝이 없다. 그러나 아픈 거기에서 출격대장부(出格大丈夫)가 나온다. 기꺼이 감내하면서 계속 화두를 잡고 씨름하면 언젠가는 일상삼매(日常三昧)를 이루게 되는 것이다.

오고 가고 생각하고 밥 먹고 대소변 볼 때도 화두를 잡아 꾸준히 나아가면 탐심(貪心)·진심(瞋心) 등의 망상이 저절로 쉬어지고, 잡념이 붙으려 해도 붙을 수 없는 일상삼매의 경지에 이르게 된다. 곧 거듭거듭 채찍질하여 지극히 고요한 경지에 들어가면 마음이 차츰 맑아지고, 맑아지면 밝아지고, 밝아지면 통하게 되어 마침내 해탈의 경지에 이르게 되는 것이다. 이 경지에 이를 때까지, 우리는 결코 자기를 돌아보는 공부의 고삐를 늦추면 안된다.

다가서는 도(道)

그런데 공부하는 우리가 특별히 명심하고 주의할 점이 있다. 그것은 우리가 깨달음을 찾아가는 것이 아니라 깨달음이 우리에게 스스로 다가온다는 것이다.

❁

조선시대 초기의 고승 벽계 정심(碧溪 淨心) 선사와 벽송 지엄(碧松 智儼) 선사의 인연은 불교 탄압이 가장 극심했던 연산군 때 이루어졌다.

불상을 파괴하고, 승려를 환속시켜 사냥터의 동물 몰이꾼으로 삼는 등 연산군의 횡포가 불교를 존립 위기의 상황으로 몰고가자, 황악산 직지사에 있던 정심선사는 속인으로 변복하고 산 너머에 있는 물한리(勿罕里)로 들어가서 불법을 전할 시기를 기다리고 있었다. 그때 간절히 도를 구하고자 했던 지엄선사가 물어 물어서 정심선사를 찾아간 것이다.

그러나 정심선사는 선지(禪旨)를 일러주기는커녕 매일 일만 시켰다. 3년을 함께 지내면서 무수히 '도가 무엇인가?'를 물었으나 법문 한마디 들을 수가 없었다. 마침내 지엄은 행장을 꾸리고 정심선사에게 하직 인사를 드렸다.

"스님, 저는 떠나겠습니다."

"왜 가려고 하느냐?"

"3년 동안 스님을 모셨지만 도가 무엇인지는 일러주지 않으셨습니다. 그냥 매일 일만 시키시니 더 있어 본들 별 수가 있겠습니까? 떠나겠습니다."

"그래? 그렇다면 가거라."

지엄선사가 뒤도 돌아보지 않고 고개 언덕을 넘어서 내려가는데, 뒤따라 온 정심선사가 고갯마루에 서서 큰소리로 부르는 것이었다.

"지엄아, 지엄아, 나를 보아라."

정심선사는 발길을 멈추고 뒤를 돌아보는 지엄에게 말하였다.

"내가 매일 밥을 지으라고 할 때 설법하였고 차를 달여 오라고 할 때 설법하였고 나무하라고 할 때 설법하였고 밭을 매라고 할 때 설법하였는데, 네가 몰랐으니 오늘은 법을 받아라."

그리고는 불끈 쥔 주먹을 내밀어 보였다. 그 순간 지엄선사는 확철대오하였다.

이 이야기를 듣고 어떤 사람은 이상하게 생각할 것이다.

"법문 한마디 듣지 않고 어떻게 도를 깨달을 수 있지?"

실로 지엄선사는 정심선사로부터 한마디의 법문도 듣지 못했지만, 한순간도 '도가 무엇인가?' 하는 의문을 버리지 않았다.

'무엇인가?'

스승이 가르쳐주지 않으면 않을수록 지엄선사의 물음표는 점점 커졌다. 반대로 정심선사는 이 물음표가 풍선처럼 커지고 커져서 터질 날만 기다리고 있었던 것이다. 지엄선사가 스승 곁을 떠날 즈음 물음표에 대한 답은 이미 다가와 있었고, 바로 그 순간을 잡아 정심선사가 불끈 쥔 주먹을 내밀었던 것이다.

깨달음은 특별한 곳에 숨겨져 있는 것이 아니다. 보물찾기 하듯이 뒤져서 찾아내는 것이 아니다. 옛 스님들이 말씀하시기를, "도가 사람을 멀리하는 것이 아니라 사람이 스스로 멀리한다." 하였고, 또 말하기를 "내가 어질고자 하면 어진 것이 스스로 찾아온다."고 하였다.

이 말씀처럼 우리가 부지런히 참선을 하고 정진을 하다 보면 도는 저절로 다가오게 된다. 아니, 다가오는 것이 아니라 이미 그 자리에 있던 것이 드러나는 것이다.

석가모니 부처님께서는 새벽 샛별을 보는 순간 성불하셨다. 누구나 볼 수 있는 새벽 샛별 속에 깨달음을 주는 특별한 그 무엇이 있는 것일까? 아니다. 삼매(三昧)에 들어 마음이 고요해지고 맑아지고 밝아지면 자성불(自成佛)이 저절로 발현되어 부처가 되는 것이다. 그때가 되면 모든 것이 도이다. 모든 곳에 도가 있다. 눈과 눈이 서로 마주보는 데 도가 있고, 일상 생활에, 삼라만상에 도가 있다. 우리가 오고 가는 데 도가 있고, 물건을 잡고 놓는 것이 곧 그대로 선(禪)인 것이다.

이 원리를 분명히 안다면 도를 찾는다는 명목으로 헛된 것을 뒤지는 일은 없을 것이다. 참선·간경·주력·염불, 그 어떤 공부를 할지라도 자기 마음자리를 돌아보며 공부를 하여야지, 밖에서 찾는 공부를 하여서는 성불을 기약할 수 없다는 것을 꼭 명심하기 바란다.

요긴히 정진하라

인생은 결코 긴 것이 아니다. 죽음을 향한 길은 바쁘고 또 바쁘다. 흐르는 시간은 멈추지 않는다. 무수히 내일을 기약하며 살아가지만, 잠깐 사이에 하루하루가 지나 한 달이 되고 일 년이 되며 그렇듯 무상하게 인생은 끝나가는 것이다. 젊은 시절에 번뇌망상의 집착을 끊지 아니하고 공부를 하지 않다가, 세월이 지나 늙은 다음에 뉘우쳐서 시작하려 해봐야 잘되지가 않는다. 몸이 늙으면 기력도 쇠잔해지고 정신이 혼미해져서 아무리 공부를 하려 해도 잘되지 않는 것이다.

오랫동안 도를 닦지 않은 이 몸이기에 만일 금생에까지 닦지 않으면 백천만겁에 다시 불법을 만나기가 어렵게 된다. 어떻게 하루를 헛되이 보낼 수 있으며 일생을 닦지 않고 마칠 수 있겠는가?

❀

조선 중기에 환성 지안(煥惺 志安)선사라고 하는 큰스님이 계셨다. 이 스님이 석왕사(釋王寺) 대법당에서 설법을 하고 있는데, 한 사람이 법당 문을 열고 들여다보는 것이었다. 키는 9척 장신이고 화등잔처럼 커다란 눈에서는 빛이 쏟아져 나오며, 코는 주먹만큼 큰 굉장한 거인이었다. 그 거인이 설법하는 스님을 쓱 쳐다보더니 한 마디 툭 내뱉었다.

"난 또 누구라고, 잣벌레 어르신네가 대단해지셨구먼."

그리고는 문을 닫고 사라지는 것이었다. 대중들이 의아하게 생각하여 스님에게 여쭈었다.

"웬 사람인데 스님께 잣벌레하고 합니까?"

"그 사람은 부처님 당시의 영산회상(靈山會上)에서 화엄신장(華嚴神將)이었던 분이니라. 나는 그때 잣벌레였는데, 부처님이 법문을 하실 때마다 법상(法床)에 붙어서 법문을 들었다. 그때 잣벌레로서 부처님 법문을 들은 공덕으로 그 다음 생에 인간의 몸을 받아 중이 되었고, 오늘날의 화엄대법사가 된 것이니라. 그때로부터 삼천 년이 지났지만 그 화엄신장은 나이를 몇 살밖에 더 먹지 않은 것 같구나."

이 이야기에서처럼 영산회상 당시의 잣벌레도 화엄대법사가 될 수 있다. 우리는 잣벌레가 아니라 인간의 몸을 받아 살고 있다. 우리가 지금 발심하여 수행한다면 화엄대법사 정도가 아니라 부처라도 능히 될 수 있는 것이다.

문제의 열쇠는 바로 이 생에 닦느냐, 닦지 않느냐에 달려 있다. 이 생에, 아니 지금 이 자리에서부터 시작하여 보라. 이 몸뚱이는 오래지 않아 마치고 말 것인데 다음 생을 어찌 기약하며 내일을 어찌 믿을 것인가?

※

옛날, 그림을 잘 그리고 단청(丹靑)하는 기술이 좋은 청화원(靑畵員)이라는 스님이 있었다.

청화원은 단청을 해주고 돈이 생길 때마다 고기 안주에 한잔 술을 즐겨 마셨고, 기방(妓房)에도 자주 출입을 하였다. 청화원은 그야말로 시원찮게 중노릇을 하다가 갑자기 죽음을 맞이했다. 염라대왕의 명을 받은 일직사자와 월직사자가 들이닥친 것이다.

"청화원은 염라대왕의 명을 받아라. 이제 세상 인연이 다하였으니 함께 떠나자."

'아이쿠, 염라대왕이 나를 이렇게 빨리 데려갈 줄이야. 내

평소 소행으로는 잡혀가는 즉시 지옥 감방 신세를 지게 될 것이다.'

청화원은 일직·월직사자에게 사정을 하기 시작했다.

"부디 7일만 있다가 데리고 가십시오. 평생 중노릇 한번 변변히 하지 못했는데 7일 동안만이라도 열심히 도를 닦고자 합니다. 중노릇 잘할 수 있게 말미를 주십시오."

그러나 젊은 일직사자는 염라대왕의 명을 거역할 수 없다며 당장 포박을 하려 했다. 청화원은 손이 발이 되도록 빌면서 7일만 말미를 줄 것을 애원하고 또 애원했다. 그 애원이 하도 간절하자 나이든 월직사자가 젊은 일직사자를 달랬다.

"우리는 또 데리고 가야 할 사람이 있지 않은가. 그 사람에게 갔다가 돌아오면 7일 정도는 걸릴 것이니, 그때까지만 봐주도록 하세."

이렇게 하여 청화원의 목숨은 7일 연장되었다.

'7일 동안의 용맹정진! 그동안 무슨 공부를 해도 제대로 할 것인가?'

고민을 하던 청화원은 몇 해 전 선방(禪房) 옆을 지나가다가 우연히 듣게 된 조실스님의 법문이 문득 떠올랐다.

중국 제일의 거사요 도인이신 방거사(龐居士)가 망연히 앉았다가, 이미 도를 깨달은 딸 영조(靈照)에게 넌지시 한

마디를 던졌느니라.

"영조야, 한 수행자가 선사를 찾아가서 물었느니라.

'어떠한 것이 불법의 대의입니까?'

'밝고 밝은 백 가지 풀 끝에 밝고 밝은 조사의 뜻이다(明明百草頭 明明祖師意).'

이 선사의 대답을 너는 어떻게 생각하느냐?"

영조는 아버지의 말씀이 끝나기가 바쁘게 대뜸 욕설을 퍼부었느니라.

"머리는 희고 이가 누렇게 된 늙은이의 소견이 아직도 저 정도밖에 되지 않다니!"

"그럼 너는 불법의 대의에 대해 어떻게 대답하겠느냐?"

"밝고 밝은 백 가지 풀 끝에 밝고 밝은 조사의 뜻입니다(明明百草頭 明明祖師意)."

이 대답에 방거사는 머리를 끄덕이며 긍정했느니라. 수좌들이여, '명명백초두에 명명조사의'라는 말의 뜻을 알면 염라대왕이 합장하여 무릎을 꿇고, 삼세의 모든 부처님, 역대 조사스님들이 더불어 같이 춤추고 노래를 부를 것이다.

청화원은 조실스님의 법문 중 '염라대왕이 합장하고 무릎을 꿇는다.'고 한 말이 무엇보다 좋았다. 그 순간부터 청화원은 '밝고 밝은 백 가지 풀 끝에 밝고 밝은 조사의 뜻이 있다.'고 한 말씀의 뜻을 알고자 열심히 참선을 했다.

'도대체 무슨 뜻이 담긴 말인가?'

'그 뜻이 무슨 뜻인고?'

'무엇인고?'

'무언고?'

'?'

이렇게 7일 남은 생명을 다 바쳐 밥도 먹지 않고 잠도 자지 않고 일심으로 의문을 풀고자 하다가 완전히 삼매의 경지에 들어갔다.

마침내 7일이 지나가고 다른 곳을 다녀온 일직사자와 월직사자가 소리쳤다.

"청화원아, 나오너라. 이제 염라대왕을 뵈러 가자."

그러나 청화원의 모습은 보이지 않았다. 절 안을 샅샅이 뒤져도, 온 나라 안을 이 잡듯이 찾아도 찾을 수가 없었다. 마침내 염라대왕이 친히 나서서 모든 세상의 구석구석까지 다 뒤져도 청화원을 찾을 수가 없었다.

색즉시공(色卽是空)! 색이 공(空)해 버렸으므로, 이 색신(色身)이 그냥 공신(空身)이 되어버린 것이요, 마음이 삼매에 들어 공하여졌으므로 몸뚱이가 보이지 않게 된 것이다. 그러므로 염라대왕이 아무리 잡아가려 해도 보이지 않으니 잡아갈 수가 없었던 것이다.

이 청화원처럼 마지막이라 생각하고 용맹정진해 보라. 죽음도 염라대왕도 앞을 막지 못한다.

아침 이슬과 저녁 연기같이 일순간에 흩어져버리는 부귀와 영화들. 이 실체를 분명히 알아서 헛된 세월을 보내지 않도록 해야 한다. 그 방법은 자기를 돌아보고 닦아가는 길밖에 없다.

꾸준히 마음자리를 돌아보고 점검하면, 어느 순간 일념(一念) 사이에 마음자리 자성불과 상응하여 앞뒤의 경계가 끊어지고 중생과 부처가 둘이 아닌 도리를 체득하여 성불하게 된다. 그때가 되면 한 자리에 가만히 앉아서도 능히 모든 중생을 제도할 수가 있다.

간절히 바라건대, 언제나 주인공을 돌아보고 또 돌아보도록 하라. '부처가 되겠다.'는 확고한 신심으로 화두를 굳건히 잡고 불철주야 노력하라. 그리고 마음이 흩어질 때마다 옛 성현과 자기를 돌아보면서 거듭거듭 결심을 새롭게 가꾸도록 하라. 틀림없이 분발심이 날 것이고, 마침내 생사의 경계에 대자재를 얻어서 모든 중생을 성불의 길로 인도할 수 있게 될 것이다.

자기를 돌아보는 공부.

바로 이 속에 성불의 비결이 있다. 부디 돌아보고 또 명심하여 마음자리 부처를 회복하여지이다.

제6장

화두드는 법

이것이 병을 낫게 하는 방법이기는 하지만
약방문이 병을 고치는 약이 아니니라
불이라고 말하여도 입이 타는 것이 아니듯이

참선과 화두

앞장의 <자기를 돌아보는 공부>에서는 지금이 바로 수행할 때라는 것과, 참된 신심 속에 깨달음이 있고 수행을 하면 그 깨달음이 스스로 다가온다는 것, 그리고 가장 좋은 수행법은 자기가 자기를 돌아보는 것임을 밝혔다. 이 장에서는 자기를 돌아보는 가장 요긴한 공부 방법인 참선법, 특히 그 참선법 중에서 화두 드는 법을 중심에 놓고 살펴보고자 한다.

관선과 참선

참선법은 '내 마음을 가지고 내 마음을 잡는 방법'이다.

우리 자신을 자동차에 비유하면, 몸뚱이는 자동차 자체와 마찬가지요 마음자리는 운전수와 같은 것이다. 곧 운전수가 참된 '나'이지, 자동차와 같은 이 몸은 껍데기에 불과하다. 자동차를 생각해보라. 공장에서 갓 나올 때는 윤이 나고 성하지만, 몇 달만 굴리면 고물이 되기 시작하고, 오래 사용하여 말을 잘 듣지 않게 되면 폐차를 해야 한다.

이 몸뚱이도 총각·처녀 시절에는 잘나고 예쁘다고 큰소리 치고 다니지만, 늙어지면 별수가 없다. 늙고 병들어 수명이 다하면 버려야지, 뽀족한 방법이 없는 것이다.

그렇다면 불법(佛法)이란 무엇인가? 껍데기인 자동차가 아니라 운전수인 마음자리를 찾는 것이 불법이다. 곧 부처님께서 일평생 동안 설하신 것이 모두 이 마음자리를 찾게끔 이끄는 가르침이었다. 이에 비해 참선법은 자기 마음으로 자기의 마음자리를 직접 찾아나서는 수행법이다.

참선의 선(禪)은 '안정되었다.'는 뜻이다. 조용한 마음, 집중된 마음, 맑은 마음, 바른 마음, 안정되고 고요한 마음을 선이라고 한다. 이 선은 크게 두 종류로 나누어지는데, 부처님의 교법 안에 있는 선을 관선(觀禪)이라 하고 부처님의 교법 밖에 있는 선을 참선(參禪)이라고 한다.

관선이라고 할 때의 관(觀)은 눈으로 보는 것이 아니라 마음으로 보는 것을 뜻한다. 마음으로 지극하게 생각해서 보는 것으로, 달리 관법(觀法)이라고 부르고 있다.

이 관법의 대표적인 것으로는 사념처(四念處)라는 수행법이 있다. 사념처는 도 닦는 사람이 일체 만물에 대하여 어떻게 생각해야 하는가를 가르친 네 가지 관법이다.

첫째는 관신부정(觀身不淨)으로, 이 몸뚱이라는 것이 본래 깨끗하지 못한 것임을 관하는 수행법이다. 아무리 얼굴이 예쁘고 외모가 준수하다 하여도 이 몸은 피와 고름과 오물로 가득 차 있으며, 결국에는 썩고 말 부정한 것임을 알아야 한다는 것이다.

둘째는 관심무상(觀心無常)으로, 이 마음이라는 것은 항상되지 아니하고 무상한 것임을 관하는 수행법이다. 시시각각 변하고 덧없는 것이 바로 사람의 마음이라는 것을 알아야 한다는 것이다.

셋째는 관수시고(觀受是苦)이다. 몸과 마음으로써 내가 받아들이는 모든 것, 내가 그것을 구하여 내 것으로 하는 모든 일은 다 괴로운 것임을 관하여야 한다는 것이다.

넷째는 관법무아(觀法無我)로, 일체 만법에는 그 자성(自性)이 없음을 관하는 수행법이다. 일체 만법은 어느 한 가지도 고유한 개성을 가지고 있지 아니하며, 나라고 하는 자성이 없음을 알아야 한다는 것이다.

이렇게 사념처에 의해 나의 몸과 마음을 관하게 되면 그 어떤 사람이나 물질에 대해 집착할 바가 없게 되는 것이다.

부처님 당시에는 이 사념처 등의 관법수행이 크게 유행하였다. 그러다가 시대가 변하고 지역이 확대됨에 따라 수행하는 방법도 조금씩 바뀌어갔다. 특히 중국에서는 참선수행법이 크게 발달하였고, 남방에서는 관선이 성행하였으며, 티벳과 몽고 등에서는 만다라, 다라니수행법에 의존하는 밀교(密敎)가 주류를 이루었다.

관선에 대비되는 참선은 중국에서 확립된 부처님 설법 밖의 수행법으로, 간화선(看話禪)과 묵조선(默照禪)이라는 두 개의 큰 가닥이 있다. 묵조선은 묵묵히 자기 마음자리를 돌아보는 수행법이고, 간화선은 화두에 의지하여 닦는 선법으로, 달리 화두선(話頭禪)이라고도 한다. 우리나라에서는 전통적으로 이 간화선법을 채택하고 있으며, 지금 우리가 함께 공부해보고자 하는 것도 바로 이 화두선법이다.

화두란?

그렇다면 화두(話頭)란 무엇인가?

화두의 '話'는 '말씀 화(話)'자로서 말이라는 뜻이고, '頭'는 '머리 두(頭)'자로 앞서간다는 뜻을 지니고 있다. 따라서 화두는 '말보다 앞서가는 것', '언어 이전의 소식'이라는 뜻을 지닌 말이다.

흔히 책의 머리말을 '서두(序頭)'라고 하듯이, 참된 도를 밝힌 말 이전의 서두, 언어 이전의 소식이 화두이며, 언어 이전의 내 마음을 스스로 잡는 방법을 일러 화두법(話頭法)이라고 하는 것이다.

이 화두는 달리 공안(公案)이라고 한다. 공안의 '公'은 '공중(公衆)', '누구든지'라는 뜻이고, '案'은 곧 '방안'이다. 따라서 공안은 "누구든지 이대로만 하면 성불할 수 있는 방안이 된다."는 뜻을 지니고 있다. 불교를 믿든 믿지 않든, 복이 있는 사람이든 없는 사람이든, 누구든지 이 방법대로만 하면 성불할 수 있다는 것이다.

참된 도는 말에 있는 것이 아니다. 참된 도는 언어 이전의 자리로 돌아가야 계합할 수 있다.

그래서 부처님께서는 열반에 들기 직전에 백만억 대중을 모아놓고 말씀하셨다.

"내가 녹야원에서 시작하여 이 발제하(跋提河)에 이르기까지 일찍이 한 글자도 설한 바가 없다〔始從鹿野苑 終至跋提河 未曾說一字〕."

바로 평생을 설하신 팔만 사천 법문이 방편이요, 약방문이라고 선언하셨던 것이다.

이것이 병을 낫게 하는 방법이기는 하지만
약방문이 병을 고치는 약은 아니니라

불이라고 말하여도 입이 타는 것이 아니듯이

　　此是濟世之醫方
　　非療病之良藥
　　道火未曾燒却口

　아무리 약방문이 많다고 할지라도, 그 약방문만으로 병을 낫게 할 수는 없다. 약방문을 보고 자기 병에 맞는 약을 지어 먹을 때에만 병은 낫게 되는 것이다. 설혹 팔만대장경을 다 외웠다 할지라도 그것은 약방문을 외운 것일뿐, 약 자체는 아니다. 하지만 약방문을 모르더라도 약만 먹으면 병은 나을 수 있다. 그 약이 바로 언어 이전의 화두이며, 화두를 참구하는 참선수행법이 그 약을 먹는 일인 것이다.
　이제 화두 한 가지를 예로 들어보자.

　중국 당나라 때의 조주선사(趙州禪師, 778~897)가 동관원(東觀院)에 있을 때의 일이다. 젊은 수행승 문원(文遠)이 개를 안고 와서 조주선사께 여쭈었다.
　"개에게도 불성이 있습니까, 없습니까?"
　"없다〔無〕."

　이것이 화두이다. 부처님께서는 "일체 중생에게는 불성이 있다〔一切衆生 悉有佛性〕."고 하셨다. 그렇다면 개에게는 틀림없이 불성이 있고, 불성이 있기 때문에 살아 움직이는 것이다. 그런데 조주선사는 단 한마디 '無'라는 답을 주었을 뿐이다.

그렇다고 조주선사가 엉뚱한 답을 주신 것은 아니다. 조주선사의 깨달은 경지에서 곧바로 말씀하신 것이요, 언어 이전의 참된 답을 일러주신 것이다. 따라서 그 누구라도 조주선사께서 '무'라고 하신 까닭을 확실히 알면 그는 조주선사와 같은 경지에 이르게 된다. 곧 조주선사와 하나가 되어 대오(大悟)를 하는 것이다.

그러나 대부분의 사람들은 조주선사께서 '무'라고 하신 까닭을 이해하지 못한다. 그러므로 화두법에 의지하여 가장 정확한 답을 얻어야 한다. 머리를 굴려서 얻는 해답으로는 안된다. 철두철미하게 의심하고, 의심의 삼매 속에 들어가 해답을 얻어야 한다.

"부처님께서는 일체 중생에게 다 불성이 있다고 하였는데, 조주선사는 어째서 '무'라고 하였는가?"

"틀림없이 개에게는 불성이 있는데, 왜 조주선사는 '무'라고 하였는가?"

"왜 '무'라고 하였는가?"

"왜 '무'인가?"

"무?"

"?"

이렇게 의심을 일으켜 끊임없이 해답을 구하여야 한다. 또 하나의 예를 들어보자.

선종에서 최초로 나온 화두, 선종제일공안(禪宗第一公案)인 '영산회상거염화(靈山會上擧拈花)'는 우리에게 '염화시중(拈花示衆)의 미소'로 널리 알려진 화두이다.

어느때, 부처님께서 영축산(靈鷲山)에서 설법을 하고 있을 때, 하늘에서는 네 가지 종류의 꽃을 뿌려 공양하였다. 이때 부처님께서는 아무런 말씀 없이 한 송이 꽃을 들어 대중들에게 보이셨다. 그러나 한자리에 모인 수만 대중들은 부처님께서 무슨 뜻으로 꽃을 들었는지를 알지 못하여 어리둥절해 하였고, 오직 부처님의 큰제자인 대가섭존자(大迦葉尊者)만이 빙그레 미소를 지었다.

이에 부처님께서는 선언하셨다.

"나에게 정법안장·열반묘심·실상무상·미묘법문·불립문자·교외별전·직지인심·견성성불이 있으니, 마하가섭에게 전하여 주노라〔吾有 正法眼藏 涅槃妙心 實相無相 微妙法門 不立文字 敎外別傳 直指人心 見性成佛 付囑摩訶迦葉〕."

이 말씀 중 아래의 한문 정법안장에서 견성성불까지의 선종팔구(禪宗八句)를 연결시켜 번역하여보자.

모든 정법 중의 눈알과 같이
열반에 들어가는 묘한 마음의 도리는
실로 모양이 있으면서도 모양이 없는
미묘한 법문이기에
언어나 문자로는 설명될 수 없어
교법 밖에서 따로 전하노니
곧바로 사람의 마음을 가리켜
견성성불케 하노라

꽃을 들고 미소를 짓는 바로 그 순간에 이 선종팔구의 선법이 부처님으로부터 마하가섭에게로 전해진 것이다.
그리고 이 선종제일공안 가운데, '부처님께서 꽃을 드신 까닭'을 밝히는 것이 바로 화두법이다.
"어째서 부처님께서는 영산회상에서 꽃을 드셨는고?"
"어째서 부처님은 꽃을 드셨는고?"
"어째서 꽃을?"
"어째서?"
"?"
이와같은 "?", 이와같은 끊임없는 물음 속에서 대의단(大疑端)을 갖는 것, 크나큰 의심을 일으키는 것을 화두라고 한다.
이 화두는 마치 열쇠와 같은 것이다.

옛날에는 자식을 장가 보내고 시집 보낼 때 장농을 사주고 집을 사주었지만, 요즘은 아들이나 딸을 시집 보내고 장가 보낼 때 열쇠 하나만 준다고 한다. 열쇠만 가지고 가서 아파트 문을 열면 그 안에 모든 살림이 다 갖추어져 있다고도 하는데, 그처럼 "어째서 부처님께서 꽃을 드셨는고?", "왜 무라고 했는가?" 하는 이 열쇠, 이 물음표(?)라는 열쇠를 가지고 문만 열면, 팔만 사천 법문과 무진장의 보배가 가득 차 있는 마음자리를 되찾아 부처를 이루게 되는 것이다.

그러나 이것이 쉬운 일은 아니다. 적당히 알아서 될 일도 아니요, 그냥 재미로 할 수 있는 공부도 아니다.

화두를 드는 요령

간절히 참구하라

그렇다면 이 화두는 어떻게 들어야 하는가? 참선 공부를 하는 사람은 이것을 매우 궁금하게 여긴다. 그러나 화두 드는 법에는 특별한 요령이 없다.

'일념으로 간절히 참구(參究)하는 것!' 이 방법 외에는 별다른 요령이 없다. '간절 절(切)!' 이것이야말로 화두법문·참선법문의 가장 요긴한 방법이다.

간절한 일념으로 크게 의심을 일으켜서 꾸준히 나아가는 것이 화두법의 가장 요긴한 점이요, 크게 의심하는 가운데 큰 깨달음을 얻게 되는 것이다. 실로 "진흙이 크면 부처가 크고, 물이 높으면 배가 높이 뜬다."는 속담과 같이, 의심이 간절하면 간절할수록 큰 깨달음이 있게 되는 것이다.

신라 말 중국으로부터 동방대보살(東方大菩薩)로 추앙받았던 무염선사(無染禪師, 801~888)의 제자 구정조사(九鼎祖師)는 원래 글을 알지 못하였는데, 어느날 무염선사를 찾아가 간절히 물었다.

"어떤 것이 부처입니까?"

"즉심이 불이니라〔卽心是佛〕."

워낙 무식한 구정조사였는지라, '즉심이 부처'라는 스승의 말을 '짚신이 불'이라는 말로 알아듣고 말았다.

"짚신이 불? 짚신이 부처라고?"

조금은 이상한 듯하였으나 스승을 지극히 존경하고 있었던 구정조사는 그 말을 그대로 받아들였다.

"우리 스님은 부처님 같으신 분인데 허튼 말을 하셨을 리 없다. 부처를 물었는데 어째서 짚신이라고 대답을 하셨는고? 짚신이 어째서 부처인고?"

그날부터는 자기 짚신을 머리에 이고 다니면서, 가나 오나 앉으나 서나 "이 짚신이 어째서 부처인고?", "짚신이 어째서 부처인고?" 하는 생각을 놓아버릴 줄 몰랐다.

하루는 산에 올라가 나무를 한 다음, 짚신을 두 손으로

움켜쥐고 "짚신아, 어째서 네가 부처냐? 짚신아, 네가 어째서 부처냐?" 하다가 그만 깊은 삼매(三昧)에 들었다.

시간 가는 것도 모르고, 앉았는지 서 있는지도 모르고……. 그야말로 '산이 산이 아니요, 물이 물이 아닌' 삼매 속에서 사뭇 "짚신아, 네가 어째서 부처냐?" 하며 소리를 지르다가, 홀연히 짚신의 끈이 뚝 끊어지는 순간 확철대오(廓徹大悟)하였다.

구정조사의 이와같은 오도연기(悟道緣起)가 보여주듯이, 화두에는 좋은 화두, 궂은 화두가 따로 없고, 잘되는 화두, 안되는 화두가 따로 있는 것이 아니다. 또한 화두에는 비밀도 없다.

"내가 하는 화두를 다른 사람이 알면 어떻게 하나?"

이와같은 생각이야말로 쓸데없는 망상일 뿐이다. 여러 조사어록(祖師語錄) 속에 있는 1천7백 공안 가운데 어느 화두든지 한 가지만을 택해서, 간절하게 간절하게 의심해 나가는 그것이 참선하는 가장 요긴한 방법임을 명심해야 한다.

송화두 · 염화두 · 간화두 · 참화두

그러나 보통 사람들이 막상 화두를 잡고 있으면 쉽게 화두에 집중하지 못한다. 마치 놋젓가락을 가지고 계란을 잡으려고 할 때 요리조리 미끄러지고 빠져나가듯이, 화두는 자꾸 달아나고 번뇌망상이 자꾸만 스며드는 것이다.

그렇다고 하여 포기해서는 물론 안된다. 오히려 화두가 잘되지 않으면 '송(誦)'이라도 해야 한다. 부처님 명호를 외우듯이 속으로 화두를 외우는 송화두(誦話頭)를 꾸준히 하다 보면 자기도 모르는 사이에 '생각 염(念)'자의 염화두(念話頭)가 된다.

우리는 흔히 '염불을 한다.'고 하면 목탁을 두드리며 부처님 명호를 부르는 것으로 생각하지만, 그것은 구불(口佛)이지 염불(念佛)이 아니다. 염불은 입으로 하는 것이 아니라 마음으로 부처님을 생각하는 것이다. 그러므로 입으로 꾸준히 하다보면 '생각 염(念)'자 염불이 이루어지게 된다.

이와같이 마음속으로 송화두를 꾸준히 하다보면, 굳이 입으로 하지 않아도 목구멍 속에서 화두가 저절로 흘러나오게 되고, 그것이 계속되면 마침내는 염화두가 되는 것이다. 이렇게 송화두·염화두를 놓치지 않고 계속하게 되면, 일을 하면서도 말을 하면서도 화두가 또렷하게 들리는 간화두(看話頭)가 되는 것이다.

간화두가 되었을 때 거듭 대용맹심을 촉발(觸發)하면 홀연히 참 의심[眞疑]이 발기(發起)되어, 산을 보아도 산이 아니요 물을 보아도 물이 아닌 대무심(大無心)에 들게 되는데 비로소 이를 참선화두(參禪話頭)라 하는 것이다. 참화두

(參話頭)만 되면 깨침은 진정 멀지 않은 곳에 있다. 옛 조사 스님들은 이러한 경지에서 도를 깨치지 못한다면 '너희를 대신해서 지옥에 가겠다.'고 하셨다.

    화두 가운데 의심이 끊어지지 아니하면 이것을 진짜 의심이라 하나니, 진짜 의심이 일어날 때는 점차(漸次)에도 속하지 않고 앞뒤가 끊어져서, 동과 서를 분별하지 못하고 남과 북을 가리지 못하게 되느니라.
    만약 진짜 참선을 하고자 할진대는 만 길 깊은 물 속에다 돌멩이 하나를 던진 것과 같이 하여, 꼭대기에서부터 바닥까지 털끝만한 간격도 없이 내려가게 할지니라. 능히 이와같이 화두를 들어 만일 7일 안에 확철대오하지 못한다면, 진실로 나는 너희를 대신하여 지옥에 갈 것이다.

    고봉화상(高峰和尙)의 ≪선요 禪要≫에 있는 말씀처럼 진짜 참선은 여러 날 할 필요가 없다. 7일 이상 할 필요가 없는 것이다.
    어떤 것이 진짜 참선인가?
    화두가 또렷이 잡혀서 놓아지지 않는 경지, 밤이나 낮이나 잠을 자나 꿈을 꾸나 항상 참 화두가 되는 경지가 진짜 참선의 경지이다. 그와같은 참 화두의 경지에 이르면 누구나 7일을 넘기지 않고 확철대오하게 된다.

7일간의 용맹정진

7일간의 용맹정진! 이렇게 7일의 참선수행은 매우 중요한 의미를 지니고 있기 때문에 우리나라 선방에서는 7일 동안 잠을 자지 않는 가행정진(加行精進)을 여러 차례 행하고 있다. 이때 가장 참기 어려운 것은 졸음이다. 망상이 죽 끓듯 하지 않으면 졸음이 밀물처럼 밀려오는 것이다. 그리고 잠을 이기지 못해 갖가지 일이 벌어지기까지 한다.

꾸벅꾸벅 졸다가 방바닥에 이마를 '꽝' 박는가 하면, 계속해서 옆으로 넘어지는 사람도 있다. 엉엉 우는 사람이 있는가 하면, 졸음을 쫓아주기 위해 장군죽비로 내리치는 입승스님의 멱살을 잡고 "나는 졸지도 않았는데 왜 때리는 것이냐?"며 괜히 시비를 거는 사람도 있다.

정녕 망상과 졸음이 없다면 도를 깨닫는 것이 어찌 어려운 일이기만 하겠는가? 참선 수행자는 오로지 망상과 졸음을 이겨내야만 한다. 그런데 외진 곳에서 오래오래 정진하면 망상은 차츰 쉬어지지만, 망상이 없어지고 나면 졸음은 더 자주 찾아온다.

번뇌가 없는 고요 속의 졸음. 이 졸음의 맛은 좋다. 깜박 졸은 듯한데 한 시간이 후딱 지나가버리는 이 졸음은 그렇게 맛이 있을 수 없다. 하지만 이 졸음에 맛을 들이면 암흑의 귀신굴에 빠져들어 영영 헤어날 수가 없게 되고 만다는 것을 우리는 명심해야 한다.

옛날, 인도의 마갈타국에서는 왕궁을 짓기 위해 터를 닦다가 큰 유리독 하나를 발견했다. 그런데 유리독의 그 어느 한 곳도 틔어 있지 않아 속에 무엇이 들었는지를 알 수가 없었다. 왕은 톱으로 켜보는 수밖에 없다는 결론을 내리고 사람들로 하여금 박을 타듯이 한쪽 끝을 조심조심 자르도록 하였다.

막상 켜보니 그 속에는 머리카락이 한없이 긴 사람이 앉아 있었고, 자세히 살펴보니 유리막은 그 사람의 손톱·발톱이 자라서 만들어낸 것이었다. 왕은 그를 흔들어 깨우도록 하였고, 그때서야 일어난 그는 이상한 듯이 주위를 두리번거리면서 여기가 어디냐고 물었다.

"이곳은 마갈타국의 왕궁을 지을 장소요. 도대체 그대는 어디서 왔는가?"

"저는 비바시불(毘婆尸佛)을 가까이 모시고 정진하던 승려입니다."

이 말에 왕은 깜짝 놀랐다. 비바시불은 과거칠불(過去七佛) 중 첫번째 부처님으로, 91겁(劫) 전에 사셨던 분이었기 때문이다. 왕이 자세한 사정을 더 물어보았으나 그는 '좌선을 하고 있었다.'는 사실밖에 알지를 못했다. 이에 부처님께 그 연유를 묻자 부처님은 이렇게 말씀하셨다.

"그는 비바시불 당시에 선정을 닦다가 무기공(無記空)의 상태에 들어갔느니라. 이렇게 몇 달 동안 먹지도 않고 움직이지도 않고 있었는데, 갑자기 산사태가 일어나 그를 묻어 버린 것이다. 그렇지만 그는 무기공에 너무나 깊이 빠져 있었으므로 아직까지 죽지 않게 된 것이니라."

이처럼 졸음을 깊이 즐기다보면 개구리나 뱀이 몇 달 동안 아무것도 먹지 않고 겨울잠을 자는 것처럼 무기공에 빠져드는 경우가 있다. 얼른 보면 무기공이 대단한 것처럼 보일 수도 있으나 이것은 모든 수행의 가장 큰 장애일 따름이다. 흐리멍텅한 상태에 빠져 자기 한 몸조차 구제할 수 없게 되는 것이다.

그러므로 참선을 하는 사람은 또렷또렷함을 생명으로 삼아야 한다. 열두 시각 어느 때나 화두에 정신을 집중시켜 또렷또렷하게 의심을 일으켜야 한다. 이것을 '성성(惺惺)'이라 한다. 그리고 다니거나 머물거나 앉거나 눕거나 한결같이 화두삼매에 몰입할 수 있도록 해야 한다.

하지만 어찌 이것이 말처럼 쉬운 것이겠는가? 그러므로 끊임없이 빛을 돌이켜 스스로를 살펴보아야 한다. 집을 찾아가고 장(場)으로 달아나는 생각을 화두로 다시 붙잡아야 하는 것이다.

인생이 긴 것인가? 아니다. 수행할 순간은 바로 지금이다. 부디 사람의 목숨이 찰나에 있음을 상기하면서 스스로를 경책해보라. 틀림없이 새로운 힘이 솟아날 것이다. 일찍이 야운스님은 ≪자경문 自警文≫에서 말씀하셨다.

일생을 헛되이 보낼 것 같으면 만 겁이 지나도록 한이 될 것이다. 무상(無常)이 찰나 속에 있으니 날마다 놀랍고 두려운 일뿐이요, 사람의 목숨은 잠깐 사이인지라 한때라도 보장되어 있지 않느니라. 만일 조사관(祖師關)을 뚫지 못한다면 어떻게 편안히 잠만 잘 수 있겠는가?

그렇다. 야운스님의 이 말씀처럼, 참선수행인은 모름지기 조사관을 뚫어야 한다.

조사관은 조사선(祖師禪), 곧 조사의 선 세계로 들어가는 관문(關門)이다. 선을 닦는 수행자가 반드시 통과해야 할 관문, 바로 이 관문을 통과해야만 앞서 들어간 모든 조사들과 함께 깨달음의 세계에서 노닐 수가 있게 되는 것이다.

그럼 이 관문은 누가 지키고 있는가? 앞서 도를 깨달은 조사가 지키고 있다. 언어와 문자, 이론과 지식을 초월하여 곧바로 마음자리를 보고 자성불(自性佛)을 확실하게 회복해 가진 조사들이 지키고 있는 것이다.

따라서 그 문을 통과하려는 자는 조사들로부터 수행을 점검받게 되고, 한치의 어긋남이 없이 확철대오(廓徹大悟)하였음을 인가받으면 그 문을 통과하여 조사의 성(城) 안으로 들어갈 수 있게 되는 것이다. 그럼 어떻게 해야 조사의 관문을 통과할 수 있는가? 역대 조사들이 던진 화두(話頭)의 참뜻을 깨달아야 한다.

우리는 앞에서 조주선사의 무자(無字) 화두와 염화시중의 화두를 살펴보았다. '개에게 불성이 없다.'고 한 이 무(無)자 화두는 1천7백 가지 화두 중의 한 가지이며, 조주선사가 '무'라고 하신 까닭을 분명히 알게 되면 조사관을 통과할 수 있게 되는 것이다.

바로 이러한 조사관을 통과하기 위해서는 반드시 잠을 이겨야 한다. 옛 스님들은 잠을 이기기 위해 일부러 머리를 길러 솔잎 상투를 만들었고, 그 상투에다 끈을 묶어 천정이나 대들보에 연결하였다. 조금이라도 졸거나 자세를 흐트리게 되면 머리가 잡아당겨지도록 하기 위해서였다. 또 비수나 송곳을 턱 밑에 놓고 공부하는 스님네도 있었고, 잠들 때마다 송곳으로 다리를 찌르던 스님도 있었다.

우리는 이런 스님들을 본받아 한바탕 용맹심(勇猛心)을 일으켜야 한다. 7일의 용맹정진! 7일 동안 잠을 안자기로 했지만, 물론 졸음 속에 빠지지 않는 사람은 거의 없다. 그렇지만 7일 동안 등을 바닥에 대고 눕지 않는 것만 해도 큰 효과는 있다.

"이제 겨우 이틀, 닷새가 남았구나. 이를 악물고라도 버티어 보자."

"나흘이 지났으니 반은 넘어섰다. 나라고 못할까보냐."
"이제 하루 남았지. 죽기 아니면 살기다."

이렇게 스스로에게 용기를 주며 7일 동안의 정진을 끝내면 확실히 달라지게 된다. 안 했을 때와 비교하면 정신이 그만큼 단련되어 있다. 이렇게 용맹정진, 용맹스럽게 정진하면 반드시 바뀌기 마련인 것이다.

모름지기 잠을 이겨라. 진정 참선수행자가 겨울잠을 자는 뱀처럼 잠에서 헤어나지 못하면 화두 타파는 고사하고 동서남북도 분간하지 못하게 된다. 정신이 별처럼 또렷또렷[惺惺]하지 못하기 때문이다. 바로 이때 우리 스스로가 간직하고 있는 취모리검(吹毛利劍)을 꺼내야 한다. 칼 끝에 털을 놓고 훅 불면 털이 끊어지는 최고의 보검, 취모리검을 사용해야 한다.

취모리검은 별다른 것이 아니다.

사람들 누구나가 갖고 있는 용맹심이 그것이다. 그 용맹심을 잡아 일으킬 때 번뇌의 구름은 스스로 사라지고 마음의 달은 스스로 밝은 빛을 뿜어내는 것이다. 잠을 이길 수 있는 것은 용맹심, 바로 나의 강한 결심뿐이다. 그 결심이 나를 바꾸어놓는다. 그러므로 대용맹심을 일으켜 목숨을 걸고 정진해보라. 전혀 졸지 않고 7일 동안만 용맹정진하면 틀림없이 도를 이룰 수 있다.

누구나 도를 이룰 수 있다

여기까지 읽은 재가 불자들은 생각할 것이다.

"이렇게 어려운 참선을 내가 어떻게 할 수 있을까? 차라리 시작하지 않는 것이 좋을 것이다."

그러나 하지 않는 것보다는 하는 것이 좋다. 왜냐하면 참선이야말로 자기의 힘으로 자기의 참 생명, 참된 주인공을 찾는 공부이기 때문이다.

실제로 재가 불자들 중에서도 참선을 열심히 하여 깨달음을 얻은 사람이 적지 않다. 그중에서 젊은이도 아니요 남자도 아닌, 죽을 날이 그렇게 멀지 않았던 한 나이 많은 부인의 오도(悟道) 이야기를 예로 들고자 한다.

※

중국 송나라의 수도 개봉(開封)에는 허씨(許氏) 성을 가진 노부인이 살고 있었다. 그녀의 법명은 법진(法眞)으로, 일찍 결혼하여 장태사(張太師)의 부인이 되었다. 그러나 남편은 그녀의 나이 삼십에 어린 자식 둘을 남겨놓고 저 세상 사람이 되었다.

그날 이후, 그녀는 불교를 열심히 믿으며 두 아들을 지성껏 키웠고, 마침내 큰아들 소원(昭遠)은 자사(刺使, 지금의 도지사)에, 작은아들 덕원(德遠)은 승상(丞相)의 지위에 올랐다.

어느덧 나이 칠십이 된 그녀는 후원으로 물러나 남은 여생을 보내고 있었으나, 항상 마음속으로 당대의 큰스님이신 대혜(大慧, 1088~1163) 선사를 친견하여 가르침을 받았으면 하는 원을 품고 있었다. 하지만 수만리 떨어진 항주(抗州)의 경산사(徑山寺)로 큰스님을 찾아가기란 결코 쉬운 일이 아니었다.

그런데 하루는 대혜선사의 제자인 도겸(道謙) 스님이 집으로 찾아왔고, 노부인은 정중히 법문을 청하였다.

"스님, 저는 대혜 큰스님의 법문을 듣기를 소원으로 삼고 살았습니다. 하지만 이미 늙은 몸이라 감히 수만리 먼 곳으로 찾아갈 수가 없습니다. 부디 스님께서 대신 법문을 들려주십시오. 대혜 큰스님께서는 우리 같은 늙은이를 만나면 어떤 법문을 해주십니까?"

"우리 큰스님께서는 남녀노소를 불문하고 누구에게든지, '마음이 있는 자는 부처가 될 수 있다.'는 법문을 들려주시고, 도를 닦아 부처가 되기를 원하는 자에게는 '무자화두(無字話頭)'를 참구하게 하십니다."

"어떻게 무자화두를 참구하도록 지도하십니까?"

"한 승려가 개에게 불성이 있는가 없는가를 물었을 때 조주스님은 무(無)라고 하셨습니다. 바로 조주스님께서 답하신 '무'의 참뜻. 이것을 알면 부처가 될 수 있습니다. 곧 '왜 무라고 하셨는가'를 간절히 의심하여 해답을 얻으면 됩니다.

이 의심을 놓지 말고 앞으로만 사뭇 밀어붙일 뿐, 왼쪽도 보지 말고 오른쪽도 보지 말아야 합니다."

"잘 알겠습니다. 이제 대혜 큰스님을 친견한 것이나 다를 바가 없으니 열심히 공부하겠습니다."

그날부터 노부인은 용맹정진에 들어갔다. 오로지 한 생각, '왜 무라 하셨는가?'를 되묻고 또 되물으면서 하루·이틀·사흘, 마침내 7일 밤낮동안을 정진하였다. 한순간, 노부인은 깜빡 잠이 들었다. 그런데 오색이 찬란한 큰 봉황새 한 마리가 집안의 뜰에 내려앉는 것이었다.

'아, 저 새 위에 올라앉으면 참 편안하겠구나.'

생각과 동시에 그녀는 새의 등에 올라 털이 푹신하게 깔려 있는 목덜미 부분에 자리를 잡고 앉았다. 그러자 봉황새는 허공을 향해 날아올랐고, 잠깐 사이에 구만리 장천에까지 이르렀다. 아래를 내려다보니 집들은 조그마한 점이 되어 오글거리고, 큰 강은 줄 하나 그려놓은 것 같았다.

'조그마한 점과 같은 저 집들 속에서 서로 살겠다고 욕심을 내고 성을 내고 치고 받고 곤두박질을 치며 살다니…참으로 기가 막힌 노릇이다.'

그녀는 인생살이의 참 면모를 깨달았다. 그리고 봉황새가 날아가는대로 몸을 맡긴 채 세상의 이곳 저곳을 모두 구경한 다음 집으로 돌아왔다. 봉황새는 사뿐히 뜰에 내려앉았고 순간 그녀는 꿈에서 깨어남과 동시에 '무자화두'를 깨쳤다. 그녀는 기쁨에 못이겨 덩실덩실 춤을 추다가 시를 지어 깨달음의 경지를 노래하였다.

꿈속에서 봉황 타고 푸른 하늘 올랐더니
인생살이 하룻밤을 여관에서 지냄과 같음을 알았네
돌아올 때 그릇 한단몽의 길인가 하였더니
봄비 온 뒤 산새 소리 해맑더라

夢跨飛鸞上碧處
始知身世一遽廬
歸來錯認邯鄲道
山鳥一聲春雨餘

날마다 경전의 글을 보고 있으니
옛적에 알았던 이를 만남과 같구나
자주 걸림이 있다고 말하지 말라
한번 보니 한번 다시 새롭도다

逐日看經文
如逢舊識人
莫言頻有碍
一擧一回新

그뒤 도겸스님이 다시 그 집을 방문했을 때 노부인은 이

두 수의 시를 대혜 큰스님께 보여줄 것을 청하였고, 시를 본 대혜선사는 노부인의 깨달음을 인가하는 편지를 써서 보내주었다. 현재 그 편지는 대혜스님의 ≪서장 書狀≫ 속에 <답진국태부인(答秦國太夫人)>이라는 제목으로 수록되어 있다.

이 진국태부인처럼 재가 불자들도 얼마든지 참선을 하여 도를 깨달을 수 있다. 물론 재가 불자들은 용맹정진이나 참선정진에만 전념하기가 쉽지는 않다. 하지만 형편 따라 하루에 30분 정도만이라도 참선을 하게 되면 생활의 큰 변화를 가질 수 있게 된다.

형편 따라 정진하라

실로 우리의 일상생활은 혼침(昏沈)과 산란함의 연속이다. 우리가 생활의 안정을 이루지 못하는 것도 따지고 보면 마음이 산란하기 때문이다. 마음이 산란하기 때문에 목표를 향해 매진하지 못하고 갈팡질팡하게 된다. 그리고 스스로를 뒤흔들어버리는 갈팡질팡한 삶이 오래 계속되면 자기도 자기를 어떻게 할 수 없는 흐리멍텅한 상태에 빠져버리고 만다. 이것이 혼침이다.

그런데 화두를 들고 참선을 하게 되면 산란한 마음이 차츰 안정이 되고, 마음이 안정되면 밝음이 샘솟아 혼침이 저절로 사라지게 된다.

우리들 자신을 물이 든 항아리에 비유해보자. 이 육신이라는 항아리에 든 현재의 물은 탁하기 그지없을 뿐 아니라 끊임없이 출렁이고 있다. 순간순간 오만 가지 번뇌망상에 스스로를 맡겨놓았으니 혼탁은 물론이요 출렁임이 거세지 않을 수 없는 것이다.

그렇지만 참선을 시작하여 보라. 우선은 끊임없이 일어나는 번뇌망상과의 싸움에 시달리게 될 것이다. 하지만 '화두'라는 좋은 갑옷을 입고 끊임없이 '?'를 챙겨나가면 일어났던 번뇌망상의 출렁임은 차츰 사라지게 된다. 그리고 출렁임이 사라지면 고요함 속에서 물이 맑아지고 밝아지게 되는 것이다.

단, 이렇게 화두를 들 때 우리가 꼭 명심해야 할 것이 있다. 곧 번뇌가 일어나면 절대로 상대를 하지 말라는 것이다. 예를 들어 내가 '무'자 화두를 들고 참선을 하고 있는데 어제 저녁 만났던 사람에 대한 생각이 일어났다고 하자.

"아, 그 사람에게 내가 실수를 했어."
"그렇게 말하지 않고 이렇게 말할 걸……."
"그래, 다음에 만날 때는 아주 부드러운 말로 다시 이야기해야지……."

이렇게 어제 저녁 일을 생각하다보면 화두는 완전히 달아

나버린다. 화두선이 아니라 망선(妄禪)이 되어버리는 것이다.

바로 이러한 때에 화두로써 내 마음을 거두어 잡아야 한다. 일어나는 생각들을 애써 없애려 하지 말고 오로지 "어째서 조주선사는 '무'라고 하셨는가?" 하는 의문 속으로 되돌아가야 한다. 오직 화두에만 마음을 두면 홀연히 일어났던 생각들이 저절로 사라져서 문제를 일으키지 않게 되는 것이다.

하지만 일어나는 생각들을 애써 없애려 하면 오히려 그 생각들에 사로잡혀버리고 만다. 거듭 강조하지만, 잡생각이 일어나거든 모름지기 화두로만 돌아가라.

'왜?', '어째서?'라는 이 의문부호 이상 가는 훌륭한 무기는 없다.

※

옛날, 중국의 농촌 마을에 금실 좋은 부부가 살고 있었다. 하지만 그들 부부에게는 애석하게도 자식이 없었다.

'아들 하나 얻었으면 소원이 없으련만….'

간절한 소망 덕분인지 그들 부부는 나이 사십이 넘어 아들을 얻게 되었다. 그 아들은 그렇게 귀하고 사랑스러울 수가 없었다.

"금덩어리보다 더 귀한 내 아들!"

"금덩어리라니요? 옥보다도 더 귀하지요."

이러한 대화를 나누던 부부는 아이의 이름을 '금옥(金玉)'이라 짓고 '금이야 옥이야' 하며 키웠다. 잠잘 때를 제외하고는 항상 안거나 엎고 키웠으며, 심지어는 화장실을 갈 때에도 서로에게 엎혀 준 다음 볼 일을 보았다.

이렇게 애지중지 엎고만 키우다보니 아이의 다리는 완전히 'O'자가 되어 혼자 걸을 수조차 없게 되었다. 그리고 무엇이든지 해달라는대로 금방해주고 '오냐 오냐' 하고 키웠기 때문에 성질이 아주 이상해졌다. 조금만 마음에 들지 않으면 소리를 지르고 발버둥을 치는 것이었다. 그렇지만 그들 부부에게는 아들이 그렇게 귀여울 수가 없었다.

아들의 나이 7살이 되었을 때, 아버지는 바람도 쐴겸 아들을 등에 엎고 집에서 10리 가량 떨어진 동산으로 갔다. 그런데 등에 엎혀 있던 아들이 갑자기 아버지의 머리를 '쿡' 쥐어박으며 부르는 것이었다.

"아버지!"

"왜?"

"저것 줘."

"저것? 무엇말이냐?"

그러자 아들은 아버지의 머리며 등을 닥치는대로 때리면서 발악을 하듯 소리를 지르는 것이었다.

"저것 줘―!"

"저것이 무엇인데? 무엇인지 알아야지 줄 것이 아니냐?"
"저것 줘, 빨리! 저것!"

제 성질에 못이겨 발악을 하던 아들은 거품을 뿜으며 숨이 넘어가버렸다. 다급해진 아버지는 아들을 들쳐업고 10리 길을 단숨에 달려 집으로 돌아왔다. 그러나 그토록 애지중지 키웠던 아들은 이미 죽어 있었다.

아버지는 기가 막혀 죽은 아들 옆에 멍하니 앉아 있었고, 어머니는 죽은 아들을 안고 통곡을 하다가 화살을 남편에게 돌렸다.

"이놈의 영감, 내 자식 살려내라, 우리 금옥이 살려내!"

고함을 지르고 남편을 때리며 울다가 지치면 잠이 들고, 깨어나면 또다시 남편에게 퍼붓고……. 그러다가 아내가 문득 이렇게 말을 퍼붓는 것이었다.

"이놈의 영감아! '저것 줘' 하거든 아무 것이나 집어주었으면 될텐데 묻기는 왜 자꾸 물었어? 돌멩이든 들꽃이든 덜렁 집어주었으면 금옥이가 넘어가지는 않았을 것 아니야!"

순간, 정신이 빠진 듯 앉아있던 아버지의 머리에 한 생각이 강하게 스치고 지나갔다.

'그래 맞아. 금옥이가 도대체 무엇을 달라고 했지? 금옥이가 원했던 것이 도대체 무엇이지?'

참으로 그들 부부와 금옥이의 인연은 특별한 것이었다.

아들을 잘못 키워 이상한 성격의 아이를 만들었고, 그 성격 때문에 아들이 죽었다는 생각보다는 자신들이 잘못하여 아들을 죽였다는 생각과 '저것 줘' 하였을 때 주지 못한 것이 후회될 뿐이었다. 그 순간부터 아버지는 생각하고 또 생각하였다.

'금옥이가 무엇을 달라고 했던가?'

'무엇을 달라 했던가?'

'도대체 무엇을?'

'무엇을?'

아버지는 이 의문에 깊이 빠져들었다. 밥도 먹지 않고 잠도 자지 않고 그냥 앉은 채로 금옥이가 달라고 한 것이 무엇인가를 알고자 하였다. 그렇게 7일을 생각하다가, 옆에서 잠을 자고 있던 아내가 문득 발로 꽉 차는 순간 그는 확철대오(確徹大悟)하였다.

깨치고 보니 아들 금옥이가 달라고 한 것은 빈 주먹이었고, 깨치고 보니 아들 금옥이는 전생에 함께 도를 닦던 도반이었다.

지난 생, 인물이 잘생긴 스님과 얼굴이 검고 험상궂게 생긴 스님이 깊은 산중에서 도를 닦고 있었다. 그때 젊은 보살이 그 스님들께 양식을 대주고 공양을 올리면서 이바지하였다.

그런데 잘생긴 사람에게 끌리는 것이 인지상정인듯, 보살은 잘생긴 스님에게 마음을 더 많이 써주었다. 사과 두 개를 가져와도 빛이 좋고 모양이 반듯한 것은 잘생긴 스님에게 주고, 비딱하고 못생긴 것은 얼굴이 검은 스님에게 주었다.

얼굴 잘생긴 스님에 대한 보살의 정성은 날로 더하였고, 마침내 잘생긴 스님도 마음이 보살에게로 기울어져 갔다. 자연 스님의 공부는 진척이 있을 수 없었다. 그러다가 잘생긴 스님과 보살은 일찍 세상을 하직하였고, 전생에 품은 연심(戀心)이 씨앗이 되어 금생에서 부부의 연을 맺게 되었던 것이었다. 하지만 전생에 독신으로 산 때문인지 그들 부부에게는 자식이 없었다.

한편, 얼굴이 검은 스님은 잘생긴 스님과 보살이 죽은 후에도 꾸준히 도를 닦아 마침내 대오(大悟)하였다. 그리고 깨달은 다음 제도할 중생을 관찰해보니 그들 부부와 가장 인연이 깊었다. 하지만 그냥 찾아가 도를 깨우치기에는 그들의 습속(習俗)이 너무 깊어 있었다. 얼굴 검은 스님은 몸을 바꾸어 그들 부부사이에 태어났고, 그들 부부가 아들에게 더할 나위없는 애착을 가지도록 한 다음 '저것 줘!' 하면서 죽어버린 것이다.

지극한 의심. '무엇을 달라고 했던가?' 하는 간절한 의심을 일으키게 하기 위해 전생의 도반 금옥이는 죽어버렸고, 아버지는 금옥이에 대한 애착만큼이나 간절한 의심을 일으켜 마침내 도를 이루었던 것이다.

 이 이야기에서처럼, 도를 깨닫는 데 있어 가장 중요한 것은 간절한 의심이다. 화두에는 좋은 화두, 나쁜 화두가 따로 없다. 초점은 의심이다. 간절히 의심을 일으켜 화두를 잡는 것이 최상이다. 의심하고 또 의심할 때 모든 문제는 저절로 사라진다. 의심하고 또 의심하여 삼매에 이르면 저절로 깨달음의 문이 열리게 된다.
 그리고 무엇보다 중요한 것은 꾸준히 하는 것이다. 하루에 30분씩이라도 꾸준히 참선을 하게 되면 마음이 고요해지고 밝아지게 되어, 집중력이 높아지고 판단력이 빨라져서 생활 또한 보다 윤택하게 꾸려갈 수 있게 된다. 곧 참선할 때의 집중력이 생활에 그대로 응용되어 갖가지 좋은 일을 이루어낼 수 있는 것이다.
 가만히 돌이켜보라. 어떻게 사는 것이 잘 사는 인생인가? 마음이 평온하고 맑은 정신으로 사는 것이 잘 사는 인생이다. 참선을 하라. 참선은 우리에게 이것을 선사해준다. 잠깐이라도 좋다. 가부좌를 틀고 앉아 화두를 잡고 참선을 하라. 하루 중 일부의 시간을 결코 손해보지 않을 자기를 돌아보는 공부, 주인공을 찾는 공부에 투자하는 것이야말로 보람된 일일 것이다.
 나아가 부처를 이루고자 하면 모름지기 마음을 모으고 정신을 차려서 화두를 잡아야 한다.

"언제나 부지런히 간절하게 화두를 잡아라."

이것 이외에는 참선하는 사람에게 따로 긴요한 말이 없다. 오직 화두에 집중하다보면 마음이 저절로 고요해지고, 고요해지면 맑아지고, 맑아지면 밝아지고, 밝아지면 거기에서 빛을 발하게 된다. 바로 이것이 지혜(智慧)의 빛이다.

이 지혜의 빛은 자신의 마음자리, 곧 자성심(自性心)을 보게 하고, 자성을 보게 되면 천지와 내가 한 뿌리요 만물과 내가 한 몸이 된다. 그러한 때에 내가 하는 바는 모두가 신통묘용(神通妙用)이 아닐 수가 없다.

그렇지만 그 실체는 누구도 볼 수가 없다. 오직 요술인양, 그 실체로부터 나오는 지혜와 자비로써 인간과 천상의 큰 복밭이 되어 모든 중생을 제도해낼 수가 있다.

인간과 천상의 큰 복밭! 그 복밭에는 무엇이든 심기만 하면 꽃이 피고 열매가 맺으며, 중생의 그릇에 따라 이로움을 주는 밭이다. 그 복밭을 이룰 때까지 우리 모두 고삐를 늦추지 말고 정진해야 할 것이다.

제7장
마하반야바라밀

불법은 세간 속에 있으며
세간을 떠나지 않고 깨달음이라
세간을 떠나 따로 깨달음을 구하는 것은
마치 토끼의 뿔을 구하려는 것과 같도다

마하(摩訶)

마하반야바라밀은
최존이요 최상이요 최제일이며
상도 없고 공도 없고 불공도 없나니
이것이 곧 여래의 진실상이로다

 摩訶般若波羅蜜
 最尊最上最第一
 無相無空無不空
 卽是如來眞實相

중국 당나라 때의 약산유엄선사(藥山惟儼禪師 : 751~834)는 당대의 대표적 고승인 마조도일(馬祖道一)과 석두희천(石頭希遷)선사의 법을 동시에 이은 대선지식(大善知識)이다.

이 스님은 좀처럼 법상(法床)에 올라가 설법하는 일이 없었다. 어느날 '큰스님의 상당법문(上堂法門) 듣기가 원'이라는 대중들의 뜻에 따라, 원주(院主)는 스님께 법문을 간곡히 청하였다. 원주의 거듭되는 간청을 뿌리치지 못한 스님은 마침내 상당법문을 허락하였다. "큰스님께서 상당법문을 하신다."는 소문이 퍼지자 인근의 신도들까지 수만 명이 법상을 차린 광장으로 몰려와서 귀하디 귀한 스님의 법문을 듣고자 하였다.

스님이 법상에 오르자 대중들은 숨을 죽이며 법문을 기다렸으나, 법상에 앉은 스님은 침묵으로 일관하다가 법상에서 내려와 방장실로 들어가버렸다.

원주가 뒤를 따라가서 물었다.

"스님께서는 상당법문을 허락하셨으면서 왜 설법을 하지 않으십니까?"

"원주야, 경에는 경사(經師)가 있고 논에는 논사(論師)가 있고 율에는 율사(律師)가 있거늘, 날더러 어찌하라는 것이냐? 언설(言設)은 교(教)요, 행(行)은 율이요, 선은 말이 없는 것[無言]임을 모르느냐?"

약산유엄선사는 언어를 초월한 법문을 보였고 무언의 대설법을 펼쳤던 것이다. 이처럼 법문은 언설을 떠난 것이요, 법의 문은 들어가는 것이지 듣는 것이 아니다. 불교의 참된 해탈법문은 문을 볼 수 있는 자만이 능히 들을 수 있다.

그러나 부처님은 중생을 위하여 이와같은 해탈법문을 말을 빌려 설명하셨다. 언설을 떠난 해탈법문을 굳이 한 말로 표현한다면 '마하반야바라밀'로 풀어볼 수 있다.

마하반야바라밀! 이것은 부처님의 해탈경계와 해탈지견(解脫知見)을 함축성 있게 표현한 말이다. 먼저 마하의 뜻부터 살펴보도록 하자.

마하란 무엇인가?

"마하(摩訶)는 대야(大也)라."

모든 경전과 선대의 고승들은 '크다[大]'는 말로써 마하를 풀이하였다. 그리고 그 크기는 작은 것과 비교하여 볼 때 상대적으로 큰 것이 아니라, 감히 그 무엇과도 비교가 되지 않는 절대적인 크기이며 한없이 큰 것이라고 하였다. 과연 절대적으로 한없이 크다고 하면 얼마나 큰 것인가?

먼저 범어의 마하(Mahā)와 음이 똑같은 서양어의 '마하(Mach)'에 대하여 잠시 살펴보자. 서양어의 마하는 곧 '초음속(超音速)'을 뜻한다. 오스트리아의 물리학자 마하 에른

스트(Mach Ernst)가 초음속의 연구로 마하수(Mach. 數)의 개념을 도입하게 됨에 따라, 음속돌파에 대해 그의 이름을 붙여서 사용하게 된 것이다.

즉 사람의 말소리는 1초에 340m를 가며, 이 말소리보다 더 빠르면 음속돌파가 되는 것이다. 그래서 비행기가 1초에 340m를 돌파하면 마하 1.0, 1초에 680m를 돌파하면 마하 2.0이라 부르고 있다. 머지 않아 마하 2.5가 나온다고 하니, 그 빠르기는 육안으로 쉽게 식별되지 않을 것이다.

이에 비해 마하반야바라밀의 '마하'를 과학적으로 살펴보면, 음속돌파가 아니라 광속돌파(光速突破), 전광속돌파(電光速突破)라고 할 수 있다. 1초에 지구를 일곱 바퀴 반을 도는 빛의 속도, 음속의 백만 배나 되는 30만km를 눈 깜짝할 사이에 가고 오는 속도를 마하라고 하는 것이다.

이것을 바꾸어 말하면 '무한능력·영원생명'이라고 할 수 있다. 한량없는 능력을 지닌 영원한 생명자리가 마하의 자리인 것이다.

    넓히면 온 법계에 가득 차지만
    오므라뜨리면 바늘 구멍도 용납하지 못한다

        寬卽遍法界
        窄也不用針

우리의 마음자리, 이 마음이 어찌 눈 깜짝할 사이에 지구를 일곱 바퀴 반 도는 전광속의 능력만 갖추었겠는가? 한 생각 움직이는 가운데 삼천대천 세계를 수백 수천 바퀴를 돌고도 남는 능력이 있다. 이와같은 무한능력·영원생명을 갖춘 우리들 마음의 작용이 마하(Mahā)라는 사실을 잊어서는 안된다.

마하심(摩訶心)과 손오공

일체함령(一切含靈)은 누구 할 것 없이 이 마하의 마음을 갖추고 있다. 그러나 이 마하심을 어떻게 사용하느냐 하는 것은 사람에 따라 차이를 보이고 있다. 이를 다시 두 가지로 나누면, 마하심을 모으면서 사는 존재와 무한능력·영원생명을 마구 흩으면서 사는 존재로 구분할 수 있다. 마하심을 가장 완벽하게 모으신 분이 부처님이라면, 소설 ≪서유기 西遊記≫ 속의 주인공인 손오공(孫悟空)은 마하심을 마구 흩으면서 산 대표적인 존재라고 할 수 있을 것이다.

마음 원숭이가 강강하여
이를 제어하기 어렵구나
  心遠剛剛
  是爲難制

손오공의 '오공(悟空)'은 공을 깨달았다는 뜻이다. 그러나 손오공이 처음부터 공을 깨달은 존재는 아니다.

　　　　　　　　　※

아주 먼 옛날, 동승신주(東勝身洲) 오래국(傲來國)의 바다 가운데 있는 화과산(花果山)의 꼭대기에는 선석(仙石) 하나가 있었다. 이 선석은 천지의 기운을 받아 하나의 돌알을 낳았고, 알은 바람을 만나자 돌원숭이로 변하였다. 화장장엄찰해(華藏莊嚴刹海)로부터 하나의 생명이 나온 것이다.

그뒤 원숭이들의 왕이 되어 자칭 '미후왕(美猴王)'이라 이름한 돌원숭이는 4백여 년 동안 편안한 생활 속에 빠져 있다가, 불로장생의 비법을 터득하고자 신선도를 터득한 수보리조사(須菩提祖師 : 부처님의 십대제자 가운데 한 사람인 수보리는 空을 가장 잘 해득한 解空第一의 존자이다.)를 찾아갔다. 수보리 조사는 '손(孫)'이라는 성과 함께 모름지기 공을 깨달아야함을 강조하면서 '오공(悟空)'이라는 이름을 지어주었다.

손오공은 20년 동안 수보리 조사의 은밀한 지도 아래 부지런히 수행하여 갖가지 술법을 익혔다. 마하의 능력을 개발한 것이다. 그러나 손오공은 이 술법을 바르게 사용하지 않았다. 용궁에 들어가서는 여의봉(如意棒)을 빼앗았고, 삼십삼천(三十三天)에서는 천도복숭아를 수백 개나 몰래 따먹었으며, 도솔천의 금단(金丹)을 훔치는 등 그 횡포가 끝이 없었다. 뿐만 아니라 스스로를 옥황상제와 동격으로 삼아 '제천대성(齊天大聖)'이라 부르게 하였다.

손오공의 이와같은 만행에 격분한 옥황상제는 사천왕(四天王)에게 10만의 천병을 주어 손오공을 잡아 처단하라는 명령을 내렸다. 그러나 이들 10만 명의 천병들도 자기의 몸털을 뽑아 수많은 분신을 만들어내어 싸우는 손오공을 당할 수가 없었다.

옥황상제는 그뒤에도 손오공을 무찌르기 위해 여러 차례 군대를 파견하였으나 번번히 실패하였고, 더욱 교만해진 손오공은 옥황상제의 자리를 자기에게 물려주지 않으면 계속 천궁을 파괴하겠다고 으름장을 놓았다.

어쩔 수 없이 옥황상제는 석가모니 부처님께 손오공을 잡아줄 것을 간청하였다. 청에 따라 손오공을 만난 부처님은 물었다.

"그대는 무슨 재주가 있기에 감히 천하를 어지럽히고 천궁을 차지하려 하는가?"

"나에게는 재주가 많지! 72가지 조화를 일으킬 줄 알고 불로장생의 도술이 있어. 게다가 근두운(筋斗雲)을 일으켜 타고 한번 곤두박질치면 10만8천 리를 날 수 있어. 이런데도 천위(天位)를 못 얻는다고 할 수 있겠는가?"

"그렇다면 나와 한번 내기를 해보자. 그대가 만일 근두운을 타고 내 오른 손바닥을 벗어날 수 있다고 한다면 그대의 승리로 하리라. 그대가 승리하면 천궁을 그대에게 내줄 것이로다."

손오공은 비웃음을 입가에 띠며 연꽃잎만한 크기의 부처님 손바닥 위에 올라섰다.

"자, 간다."

손오공은 부지런히 몸을 굴려 하늘 끝을 향해 날아 올라갔다. 한참을 가다가 '이제는 부처도 도저히 따라오지 못하겠지.' 하면서 돌아서려고 하는데, 앞에 다섯 개의 불그스름한 기둥이 솟아 있는 것이 보였다.

"아, 이곳이 하늘 끝이로구나. 여기에다 증거를 남겨두고 돌아가야 부처가 진 것을 인정하겠지."

손오공은 자기의 몸털 한 가닥을 뽑아 붓을 만든 다음, 가운데 기둥에다 써내려갔다.

"제천대성, 이곳에 놀러오다."

그리고는 원숭이답게 첫번째 기둥 밑뿌리에 오줌까지 찔끔 갈긴 다음, 근두운을 돌려 갔던 길로 힘차게 돌아와 부처님의 손바닥에 내려 앉았다.

"이제 돌아왔다. 어서 약속대로 천궁을 넘겨라."

"이 오줌싸개 원숭이놈! 너는 내 손바닥에서 한걸음도 밖으로 나가지 못했다. 머리를 숙여 아래를 보아라."

부처님의 지시에 따라 아래를 보니 부처님의 가운데 손가락에는 '제천대성, 이곳에 놀러오다.'라고 씌어 있었고, 엄지 손가락 사이에는 자기가 갈긴 오줌 냄새가 아직도 남아 있었다. 그러나 손오공은 패배를 인정하지 않았다.

"사기다. 사기야! 나는 또 한번 다녀올 테다."

고함을 치며 손오공이 펄쩍 뛰쳐 나가려고 하자, 부처님은 재빨리 손바닥을 뒤집어서 손오공을 오음산(五陰山) 속에 가두어버렸다. 색(色)·수(受)·상(想)·행(行)·식(識)이라 불리우는 오음(五陰 : 五蘊이라고도 함)의 감옥 속에 가두신 것이다.

소설 ≪서유기≫에는 손오공의 탄생에서부터 오음산에 갇힐 때까지의 이야기를 많은 지면을 할애하여 재미있게 엮어 놓았다. 그리고 이에 대해 하나의 게송(偈頌)을 남겼다.

    그 옛날 알이 화하여 사람되기를 배웠고,
    뜻을 세우고 행을 닦아 도진(道眞)의 과를 이루었다.
    만겁의 옮김이 없이 승경(勝境)에서 지내더니,
    하루아침에 변고 있어 정신이 흩어졌도다.
    하늘을 속이고 위를 넘보며 높은 자리를 꿈꾸었고,
    성인을 능멸하고 금단을 훔치고
    대륜(大倫)을 어지럽히도다.
    악을 꿰뚫어 가득 찼으니 이제는 과보만 있음일세.
    모르도다. 어느날 번신(翻身)을 얻으니……

當年卵化學爲人
立志修行果道眞
萬劫無移居勝境
一朝有變散精神
斯天罔上思高位
淩聖偸丹亂大倫
惡實滿盈今有報
不知何日得翻身

　천지의 기운을 받고 태어난 돌원숭이는 생사를 초월하는 도를 얻고자 하였다. 그러나 돌원숭이는 공(空)의 깊은 도리를 완전히 깨닫지 못한 채, 마하의 본질을 미처 체득하지 못한 채 물러난 것이다. 그리고 술법에 집착하고 재주 부리는 데 재미를 느껴 '오공(悟空)'이 아니라 '미색(迷色)'이 되고 말았고, 그 업이 쌓이고 쌓여 마침내는 오음 속에 갇히는 존재가 되고 만 것이다.
　마하의 능력을 지닌 손오공을 오음산에 가둔 것은 결코 부처님이 아니다. 손오공 스스로가 오음산에 갇혔을 뿐이다.
　스스로가 지닌 마하의 무한능력, 영원생명을 올바로 발휘하기보다는 방일과 타락과 색에 집착하는 길로 나아감으로써, 그 길 끝에 열려 있는 오음산의 감옥 속으로 자연스럽게 빨려 들어간 것이다.

우리들 중생도 그러하다. 스스로가 지닌 마하의 능력을 개발하기보다는 미혹 속에 빠지고 오음에 결박당하여 살아가는 사람이 대부분이다. 스스로가 색·수·상·행·식의 오음산을 만들고 갇혀, 부자유 속에서 살아가고 있는 것이다.

이들 오음 가운데 색(色)은 곧 대상이다. 내 마음의 대상이 되는 색깔·소리·향기·맛·감촉 등이 곧 색인 것이다. 마음이 이들 대상을 접할 때 감수작용이 일어나게 되는 것을 수(受)라고 한다. 즉, 마음이 대상에 끄달려서 받아들이게 되는 것이 수이다.

그러나 수는 받아들이는 것으로 끝나는 경우가 드물다. 좋은 것을 보니 갖고 싶고, 예쁜 것을 보니 하고 싶고, 맛있는 것을 접하니 먹고 싶다는 등의 끄달리는 마음이 끊이지 않는다. 그리고 이와같이 먹고 싶고 보고 싶고 갖고 싶고 하고 싶은 마음은 단순히 '싶다'는 생각에서만 머무르지 않고, 더욱 전개되어 어떤 결론이 도출될 때까지 여러가지 사량분별(思量分別)을 일으키게 되는 것이다. 이것이 상(想)이다. 우리가 일으키는 공상(空想)·망상(妄想)·몽상(夢想) 등도 모두 이 상(想)에 속한다.

이와같은 상의 과정을 거쳐 마음으로 결론을 맺거나 말을 하거나 행동으로 옮겨 취사선택(取捨選擇)하는 행(行)을 짓게 되고, 이 행의 결과에 따른 즐거움과 괴로움, 희노애락의 모든 과보가 마음에 맺어지는 것이 식(識)인 것이다. 우리가 108번뇌, 8만4천번뇌라고 하는 것도 결국 이 오음을 벗어나지 않는다.

소설 ≪서유기≫에서 손오공은 마침내 이 오음의 결박 속에 갇히고 말았다. 성격이 강강한 그 마음 원숭이는 마침내 부자유의 존재가 되고 만 것이다.

그렇다면 이와같은 오음의 결박에서 벗어나 참된 해탈의 세계로 이르게 하는 것이 무엇인가? 그것은 반야(般若)이다. 반야에 의해 피안의 세계에 도달[到彼岸]할 수 있게 되는 것이다.

반야(般若)

잘 사는 지혜

반야란 무엇인가? 반야는 지혜이다. 잘 사는 지혜를 뜻하는 것이다. 이 반야의 산스크리트[梵語] 원어는 프라즈나(prajña)이다. 프라즈나는 진실한 생명을 깨달았을 때 나타나는 '근원적인 예지'이다. 즉, 잘 사는 지혜, 가장 잘 살 수 있게끔 하는 지혜가 반야인 것이다.

그렇다면 이와같은 지혜는 어디에서 생겨나는 것이며 어디에서 나오는 것인가? 앞에서 잠깐 살펴보았듯이 마하의 능력을 집중하는 데서 반야가 생겨나는 것이요 반야가 나오게 되는 것이다.

흩어버리면 아무런 힘이 없는 마하의 능력을 한군데로 집중하여 모으게 되면 마음이 고요해지고, 고요해지면 맑아지고, 맑아지면 밝아지고, 밝아지면 거기에서 빛이 나게 된다. 이것이 대적광삼매(大寂光三昧)의 경지요 마하프라즈나이다.

마하프라즈나! 이것은 곧 선(禪)이다. 밖으로 부산하게 흩어지는 마음을 화두(話頭) 하나로써 집중하게 되면 우리의 마음이 차츰 고요해지고, 고요해지면 맑아지고, 맑아지면 밝아지고, 밝아지면 빛이 나기 마련인 것이다.

마하의 힘은 없는 데가 없다. 그 어느 곳에나 미치지 않는 바가 없는 무한의 능력이요 어디에나 두루하고 있는 우리의 마음자리이지만, 이 무한 능력을 모아서 사용하지 않는다면 결코 슬기로운 삶을 이룰 수가 없는 것이다.

반야가 있으면 잘 살아갈 수가 있다. 마음이 반야로 밝혀져 있으면 자유로운 삶, 해탈의 길을 걸어갈 수가 있다. 번뇌를 좇아 마음을 흩고 사는 삶을 원하는 이는 없다. 화두로써 염불로써 마음을 모아서, 삼매를 향해 나아가는 가운데 반야는 반드시 그 모습을 나타내는 것이다.

잠시 이 반야를 현대과학의 라디오 원리로써 설명해보자.

우리가 방송국에서 음파(소리)를 축음하면 그 음파가 전파로 녹화가 되고, 그 전파가 모든 공간으로 퍼져나가면 라디오에서 공간 속의 전파를 받아 다시 음파(소리)로 내어놓게 된다. 이것이 라디오의 원리이다.

이와같이 우리가 살고 있는 세계는 마하의 전파로 가득 채워져 있다. '무한능력·영원생명'의 전파로 가득 채워져 있는 것이다. 그러나 라디오의 사이클을 맞추지 않으면 적절한 방송, 가장 좋은 소리를 들을 수가 없다. 아무리 마하의 전파가 가득 차 있다 할지라도 그것을 받아 모으지 않으면, 그것을 집중하여 나의 것으로 받아 쓰지 못하면 아무 소용이 없게 되고 마는 것이다.

집중하여 받아 모아 쓰는 것! 이것이 마하반야이다. 무한능력을 집중시켜 한없는 지혜의 힘을 이루는 것! 그것이 마하프라즈냐인 것이다.

마하반야와 관자재보살

이 반야를 지극히 훌륭하게 활용하는 분은 관자재보살(觀自在菩薩)이다.

불자들이 자주 암송하는 《마하반야바라밀다심경》의 첫머리는 '관자재보살이 깊은 반야바라밀다를 행할 때, 오온이 모두 공함을 비추어 보시고 일체 고액을 건너가게 되었다(觀自在菩薩 行深般若波羅蜜多時 照見五蘊皆空 度一切苦厄).'는 구절로 시작된다. 이 관자재보살은 바로 관세음보살이다.

관하는 것이 자재한 보살, 즉 마하반야 그 자체가 되신 분이 관자재보살이며, 반야의 활용이 자유자재한 분이 관자재보살인 것이다.

관자재의 '관(觀)'은 곧 반야이다. 관자재보살의 관은 '볼 관(觀)'자이지만, 눈으로 보는 관이 아니라 '마음으로 보는 관(觀)'이다. 마음으로 보는 것이 자재한 분을 관자재보살이라 하는 것이다.

그분은 중생의 고통을 귀로써 듣는 분이 아니다. 그분은 중생들이 호소하는 모든 고통의 소리를 마음으로 보고 마음으로 듣는 분이다. 마음으로 보고 마음으로 중생의 고통을 관하여 무한 자비를 베풀고 중생의 영원생명을 일깨우는 분이다.

또한 관자재보살은 '내 마음을 내 마음대로 하는' 분이시다. 자기의 마음을 자기가 마음대로 할 수 있는 분이라는 뜻이다.

그러나 이와같은 관자재보살이 결코 객관적인 존재로서만 있는 것은 아니다. 우리들도 마하반야의 마음을 개발하면 '관자재'의 존재가 될 수 있다.

예를 들면, 화두(話頭) 정진을 하는 이가 화두를 또렷하게 잘 잡게 되면 그 사람은 곧 방등명(方等明)의 관자재보살이 되는 것이다. 천군만마(千軍萬馬) 속에 들어가서도 내 화두를 내가 또렷하게 잡고 있는 사람이 있다면, 그 사람이야말로 관자재보살인 것이다.

이렇게 마음을 관자재로 사용할 수 있는 경지에 이르게

되면 모든 중생들을 보살피는 대자대비의 마음이 저절로 일어나지 아니할 수 없게 된다. 그 사람의 입 속에는 언제나 향기가 가득 차 있기 때문에 말 한마디를 하더라도 그 말은 온통 향기로 가득하여 모든 사람에게 기쁨과 즐거움을 안겨주고, 그 사람의 얼굴을 보는 모든 사람의 마음이 푸근해지지 않을 수 없게 되는 것이다.

입가에는 언제나 미소를 띠우는 사람이요 가슴에는 태양을 안고 사는 사람이며, 언제나 희망과 용기가 가득 차 있으니 기쁘구나! 즐겁구나! 편안하구나! 좋고 좋은 것뿐이다.

그야말로 아주 꼬들꼬들하게 된 고두밥을 드려도,
"아, 구슬구슬한 것이 좋습니다."
"죽밥이 되었습니다."
"아, 물성해서 먹기 좋습니다."
"짜서 어떻게 잡수실까?"
"짭짤하니 좋습니다."
"싱겁습니다."
"삼삼한 게 좋습니다."

뜨거우면 따뜻해서 좋고 차가우면 시원해서 좋고……. 좋다. 좋은 것뿐인 것이다. 이것이 바로 반야의 빛이요 관자재의 묘한 작용인 것이다.

나아가 이 자재로운 마음이 밖으로 밖으로 퍼져나갈 때,

'세계는 하나의 꽃[世界一花]'이 된다. 자재롭고 기쁘고 즐거운 내 마음을 따라 온세계는 밝고 맑고 깨끗한 한 송이 연꽃으로 피어나는 것이다.

관자재보살은 바로 온세계의 한 송이 꽃으로 피어난 분이다. 세계를 한 송이 꽃으로 삼고, 세계를 기쁨과 즐거움이 가득한 꽃으로 피어나게 하려는 것이 마하반야를 체득한 관자재보살의 서원이요 진면목인 것이다.

살짝도인

우리는 분명히 알아야 한다. 참된 반야는 곧바로 자비로 통한다는 것을. 깊은 삼매는 반야를 길러내고, 반야의 대광명은 마하의 대자대비로 발현되는 것이다.

삼매와 반야와 대자대비!

옛날, 지혜는 없지만 도 닦기를 갈구하는 사람이 있었다.
어느날 그는 깊은 산속으로 도인스님을 찾아갔다.
"저는 도인(道人)이 되고 싶습니다. 제발 도인으로 만들어 주십시요. 스님께서 하라시는 것이라면 무엇이든지 하겠습니다."
"그렇다면 10년 동안 내 시봉(侍奉)을 하겠느냐?"

"예."

"10년 동안 시봉을 하면서 내가 시키는대로 하겠느냐?"

"예."

"오늘부터 물 길러오고 밥하고 나무하고 불도 때고 빨래도 모두 해야 하는데 그렇게 할 수 있겠느냐?"

"예. 무엇이든지 할테니 도인이 되는 법만 가르쳐주십시요."

"너의 결심이 그러하다면 좋다. 10년을 기한으로 삼아 한 번 해보자. 내가 도인되는 화두(話頭)를 하나 가르쳐줄테니, 그 화두를 밤이고 낮이고 외우되 밤과 낮이 하나가 되도록 외워라."

'밤과 낮이 하나가 되도록……'

고요히 앉아 있는 시간에 외우는 것은 말할 것도 없고, 나무를 하거나 밥을 먹거나 똥오줌을 누거나 이야기를 하거나, 가거나 오거나 앉거나 서거나 이것을 해야 하며, 잠을 자면서도 외울 수 있고 꿈을 꿀 때도 그 화두를 외울 수 있도록 해야 한다는 것이다.

"이렇게 할 수 있겠느냐?"

"노력해보겠습니다."

"10년만 노력하면 오매일여(寤寐一如)가 될 수 있을 것이다. 한번 해보아라."

그러나 도인스님이 막상 가르쳐준 화두는 좀 이상스러운

화두였다.

"살짝 살짝 하는구나. 암만 그래도 나는 안다."

이것이 화두였다.

"그것만 하면 됩니까?"

"그래, 그것만 하면 된다."

그 사람은 가나 오나 앉으나 서나 그것만을 외웠다. 어느덧 10년의 세월이 흘렀고, 이제는 꿈에도 생시에도 '살짝 살짝 하는구나—.'가 놓쳐지지 않는 경지에 이르게 되었다. 스님께 밤도 낮도 꿈에도 생시에도 하나같이 '살짝 살짝—'이 이루어진다고 하자 스님은 하산(下山)을 명령하였다.

"됐어. 이제 다 된거야. 이제 더 가르쳐줄 것도 배울 것도 없으니 하산하도록 하여라."

따로이 크게 깨친 것도 없이 10년만에 하산하여 집으로 돌아오자 마을사람들이 모여들기 시작했다.

"아무개가 산에 가서 10년 동안 도를 닦고 왔단다."

그러나 10년 동안 도를 닦았다는 그에게서는 특별한 모습을 찾아볼 수가 없었다. 오히려 멍텅구리처럼 앉아서 간간히 '살짝 살짝 하는구나.'를 내뱉을 뿐이었다. 그 모습에 실망한 사람들은 "10년 허송세월도 아까운데 바보까지 되어 돌아왔다."고 하면서 모두 돌아가버렸다.

그날밤, 홀로 앉아 '살짝' 화두를 들고 있는데, 도둑이 와서 문의 빗장을 살며시 열고 있었다. 그때 방안에서 중얼거리는 소리가 들려와 문틈으로 가만히 들여다보니 10년 동안 도를 닦고 왔다는 이가 앉아서 "살짝 살짝 하는구나. 아무리 그래도 나는 안다."고 하는 것이 아닌가! 도둑은 제발이 저렸다.

'아이구, 큰일 났구나. 내가 온 줄을 벌써 알고 있었구나.'
줄행랑을 친 도둑의 이야기가 온마을 사람들에게 소문이 났다.

"알더라, 진짜 알더라. 진짜 도인이더라."

그때부터 문제를 지닌 사람들이 살짝도인을 찾기 시작했다. 남에게 돈을 빌려주고 돈을 받지 못해 속이 타 죽을 지경에 이른 사람이 있었다. 돈을 받기 위해 별별 수단을 다 동원해 보았지만 통하지 않자, 답답한 마음을 달래기 위해 살짝도인을 찾아온 것이었다.

"도인님, 도인님. 이만저만해서 아무 때 제가 돈을 빌려주었더니 그 사람이 이 핑계 저 핑계를 대면서 돈을 주지 않습니다. 나는 이 돈이 없으면 죽습니다. 어떻게 하면 돈을 받을 수 있겠습니까?"

한참 이야기를 하고 있는데 도인이 말소리가 들린다.

"살짝 살짝 하는구나. 암만 그래도 나는 안다."

"옳거니!"

그 소리를 듣는 순간 돈을 받아낼 수 있는 술책이 떠올랐고. 그 길로 달려가 돈을 받게 되었다.

또 하루는 사소한 말다툼 끝에 서로 원수가 된 사람이 찾아왔다. 그들은 만나면 멱살잡이를 하고 싸웠고, 서로의 미움은 점점 깊어만 갔다. 마침내 주위 사람들의 권유로 살짝도인을 찾아오기는 했지만 그곳에서도 싸움은 계속되었다. 두 사람이 멱살을 잡고 싸우고 있는데 살짝도인이, "살짝 살짝 하는구나—." 하자, 두 사람은 순간 '아!'하고 소리치며 악수를 하며 화해하는 것이었다.

"정말 미안하네. 우리가 이렇게 싸울 것이 아니었는데…."

이와같이 살짝도인은 누구에게나, 어떠한 애로사항이 있는 사람에게나 딴소리를 하는 일이 없었다. 오직, "살짝 살짝 하는구나. 암만 그래도 나는 안다."는 그 한마디 뿐이었다. 그런데도 모든 매듭이 풀리고 일이 해결되는 것이었다.

살짝도인의 신통함이 점점 소문이 나서 마침내 임금님에게까지 알려지게 되었고, 욕심 많기로 유명한 임금님은 살짝도인을 불러 그날부터 자기의 옆을 떠나지 못하도록 하였다. 수라상도 겸상으로 차려 같이 먹고 옷도 임금님과 같은 옷을 입는 등 임금으로부터 지극한 대접을 받으면서 지냈다.

그런데 마침 대신들 가운데 역모를 꾀하는 사람이 있었다. 대신은 임금의 이발사를 꾀어 이발을 할 때 임금님의 목을 면도칼로 찔러 죽일 것을 사주하였다. '고관대작의 벼슬에 백만금을 주겠다.'는 말에 현혹되어 죽이겠다고는 하였지만, 이튿날 아침에 면도를 하면서 막상 임금님을 죽이려고 하니 가슴이 심하게 뛰고 손은 벌벌 떨리기만 할 뿐이었다. 마침내 칼이 임금님의 목에 이르렀는데 옆에 앉아 있던 도인이 중얼거리는 것이었다.

"살짝 살짝 하는구나. 암만 그래도 나는 안다."

이발사는 황급히 칼을 던져버리고 석고대죄를 하였다.

"저는 잘못한 것이 없습니다. 살려주십시오. 아무개 대신이 시켜서 그랬습니다. 목숨만 살려주십시오."

옛부터 전해오는 이 이야기가 매우 허황하게 들릴 수도 있겠지만, 이 이야기 속에 깊은 도리가 담겨져 있는 것이다. 꿈속에서도 생시에도 한결같이 염(念)할 수 있는 삼매의 경지에 이르면, 그 삼매로부터 무한의 능력은 저절로 샘솟게 되는 것이다.

살짝도인이 결정적인 순간에 문제를 해결하기 위하여 "살짝 살짝 하는구나."를 말한 것이 아니다. 24시간 중에 단 1초도 '살짝' 화두가 떨어지는 때가 없이 언제나 '살짝' 화두를 속으로 염하고 있기 때문에 가끔 입으로 나오는 것에 불과할 뿐이다. 그런데도 가끔 튀어나오는 그 말이 모든 문제를 해결짓는다.

왜?

내 이름을 듣는 이는 삼악도를 면하고
내 얼굴 보는 이는 해탈을 얻네
　　聞我名者免三道
　　見我形者得解脫

　살짝도인은 그 깊은 삼매 속에서 이와같은 경지를 얻었던 것이다. 내 얼굴을 보는 사람이나 내 이름을 듣는 사람이 모두 해탈의 경지에 이르는 동체대비(同體大悲)의 경지. 바로 관자재한 관세음보살의 경지에 이른 것이다.
　우리가 염불을 하든 참선을 하든 주력을 하든, 꿈속에서도 생시에도 한결같이 염(念)할 수 있는 삼매의 경지에 이르면, 그 삼매로부터 무한의 능력은 저절로 샘솟게 되고 모든 문제는 저절로 해결된다.
　이것은 우리 모두가 원래부터 갖추고 있는 본연의 자리에서 우러나오게 된다. '영원생명·무한능력'의 마음을 바깥세계로 흩어버리는 것이 아니라, 그 마하의 마음을 집중하고 한 곳으로 모아 삼매를 이룰 때 반야의 지혜는 용솟음치게 되며, 그 반야는 모든 중생을 해탈의 길로 인도하는 관세음보살의 동체대비로 이어지는 것이다.
　구도자는 거듭거듭 이것을 마음에 새기면서 수행하여야 한다. 오매일여의 삼매야말로 자타일시성불도(自他一時成佛道)로 나아가는 참 해탈의 길임을 불자들은 결코 잊어서는 안될 것이다.

바라밀다(波羅蜜多)

해탈의 저 언덕

바라밀다라 함은 마하반야(摩訶般若)의 힘에 의해 즐겁고 자유롭고 편안한 대해탈(大解脫)의 세계에 이르게 됨을 나타내는 말이다. 이 바라밀다의 산스크리트 원어인 파라미타(pāramitā)는 파라(pāra:彼岸)와 미타(mitā:到)의 두 낱말이 붙어서 이루어진 합성어로서, 도피안(到彼岸)으로 한역(漢譯) 되어지며, 중국 및 우리나라에서는 줄여서 '바라밀'이라 부르는 경우가 많다.

먼저 파라미타의 '파라(pāra)'에 대해서 살펴보자. 파라는 피안(彼岸), 이상의 세계인 저 언덕을 뜻한다. 생로병사의 고통으로 가득 찬 이 세상, 참지 않고서는 살아갈 수 없는 이쪽 사바세계와는 완전히 다른 한없이 즐거운 세상이 '파라'의 세계이다.

범어 '파라'는 천당(天堂)을 뜻한다. 히브리어나 라틴어에서도 '파라(para)'는 하늘나라·천국·유토피아·이상향을 뜻하는 말로 사용되고 있다. 영어의 파라다이스(paradise)·파라솔(parasol) 등도 '파라'의 파생어로서, 모두가 하늘나라와 관계가 있다. 파라다이스는 곧 천국의 낙원, 아주 즐거운 하늘나라 꽃동산을 뜻하고, 파라솔은 하늘과 통하는 것을 차단하여 햇빛을 가리고 비를 막는 도구인 것이다.

이 '파라'를 불교적으로 해석하면 열반의 세계, 해탈의 세계, 극락 또는 불국정토로 풀이할 수 있다.

이상적인 세계가 이 지상보다 훨씬 높은 하늘에 있으며, 그 하늘나라에 태어나고자 하는 소원은 동양과 서양이 조금도 다를 바 없었던 까닭에, '파라'라는 단어는 가장 좋은 낱말의 하나가 되어 인간의 심성을 두드렸다고 할 것이다.

그리고 파라 뒤에 붙는 '미타(mitā)'는 거기에 '도착한다' 그것을 '완성한다', 그것을 '이룩한다'는 뜻을 지니고 있다. 따라서 '파라미타'라고 하면 '파라에 도착했다.', '파라를 완성했다'., '파라를 이룩하였다.'는 등의 종결적인 의미를 지니게 된다.

불교에는 바라밀 외에도 이 '파라'를 앞에 붙인 아주 중요한 용어가 있다. 바라제・바라이 등이 그것이다.

바라이(pārājikā, 波羅夷)의 '이'는 기(棄)로 번역되며, '포기한다・버린다'는 뜻이다. 흔히 불문(佛門)에서 축출당하게 되는 4바라이죄(四波羅夷罪)라고 하면 살생(殺生)・투도(偸盜)・사음(邪婬)・망어(妄語) 등의 네 가지 무거운 죄를 지칭하게 되는데, 수행인이 이와같은 행위를 하는 것은 곧 해탈의 세계로 나아가기를 포기하는 일이 되기 때문에 이와같은 이름이 붙여진 것이다.

이에 반해 바라제(prāti, 波羅提)라고 할 때의 '제(提)'는 '발을 보호한다.'는 뜻이 된다. 바라제는 흔히 계율(戒律)로 번역하는데, 불살생・불투도・불사음・불망어 등의 계율을 잘 지키는 그 자체가 해탈의 세계로 나아가는 발을 잘 보호해주는 역할을 하게 된다는 것이다. 곧 바라제는 '해탈을 보호한다.', '해탈의 세계로 가는 발을 보호한다.'는 뜻이다.

불제자들이 즐겨 외우는 ≪천수경 千手經≫에는 '나무대비관세음 원아속득계족도(南無大悲觀世音 願我速得戒足道)'라는 구절이 있다.

가령 우리가 전쟁터에 있다고 하자. 전쟁마당에서 피난을 갈 때 손가락이나 팔이 하나 떨어진다고 하여 도망을 가지 못할 까닭이 없지만, 발가락은 하나라도 다치게 되면 도망을 갈 수 없게 되고 만다. 이처럼 피안에 이르는 데도 발이 가장 중요한 것이기 때문에, 계법(戒法)으로써 발을 잘 보호하여 한시라도 빨리 피안의 세계로 나아가기를 발원하며 '원아속득계족도'라 하는 것이다.

바라제, 계율로써 발을 잘 보호하여 해탈의 세계로 나아가면 쉽게 바라밀다를 이룰 수 있고, 바라이죄에 빠지면 바라밀다와는 갈수록 요원해질 뿐이다.

과연 우리 불교인의 이상향인 파라의 세계는 무엇에 의해서 도달(밀다)할 수 있는가? 두말할 나위 없이 우리 속에 잠재되어 있는 마하의 영원생명·무한능력을 반야로써 하나로 모을 때 이 해탈의 세계에 도달할 수 있는 것이다.

오직 마하를 반야하기만 하면 파라에 밀다할 수 있는 것이니, 사람마다 누구나 가지고 있는 무한대의 이 마음자리 (摩訶心)을 올바르게 관찰하고 집중시켜 견성성불(見性成佛)의 경지로 나아가야 하리라.

용맹정진의 긴고주

이제 우리가 이 마하반야바라밀의 세계로 나아가는 데 있어 깊이 명심해야 할 한 가지 사항은, 마음이 대상을 향해 부산히 흩어질 때 용맹정진의 자세로 임해야 한다는 것이다.

용맹정진!

이 용맹정진에 대해서는 앞에서 함께 살펴본 ≪서유기≫

에서 손오공을 통해 은유적으로 잘 나타내어주고 있다.

※

　손오공이 8만4천 번뇌망상을 일으키고 바라이죄를 지어 스스로 갇히고 만 오음산의 굴 속에서 꼼짝없이 고통을 받은 것도 이미 5백년. 그때 당나라 태종(太宗)은 현장법사(玄奘法師:602~664)에게 천축국(天竺國)으로 가서 불경을 구하여 올 것을 명하였다. 현장법사가 그 멀고 험한 길을 혼자 갈 수 있을까 염려하여 관세음보살님께 도움을 청하자, 관세음보살은 인연(因緣)이 무르익었으니 곧 떠날 것을 재촉하였다.

　"가거라. 아무런 걱정말고 가거라. 저 유사(流砂 : 모래가 흘러가는 사막)를 지나가면 오음산이 나타나고, 그 산의 꼭대기에는 관세음보살의 본심미묘진언(本心微妙眞言)인 '옴마니반메훔' 여섯 글자를 쓴 말뚝이 박혀 있을 것이다. 그 말뚝을 뽑으면 오음산이 터지면서 원숭이 한 마리가 나오리라. 그놈은 기운이 천하장사인 돌원숭이 손오공이다. 손오공의 머리를 깎아 제자로 삼아서 데리고 간다면 그 어떤 어려움도 능히 해결할 수 있을 것이다.

　그렇지만 손오공은 성질이 괄괄하고 버릇이 없어서 억지를 부릴 때가 많을 것이니, 제자로 삼는 즉시 머리에 이 둥근 금테고리를 씌워라. 억지를 부릴 때 내가 일러주는 긴고주(緊箍呪 : 머리에 쓴 고리를 조이게 하는 주문)를 외우면, 손오공은 머리가 부서지는 듯한 고통 때문에 말을 듣지 않을 수 없을 것이다.

떠나라. 조금도 염려말고 길을 떠나라."

현장법사는 천축국을 향해 길을 떠났고, 과연 관세음보살의 말씀과 조금도 다를 바가 없었다. 손오공을 오음산의 감옥에서 구하여 함께 길을 가는데, 갑자기 여섯 명의 도둑이 나타났다. 현장법사는 놀라 자리를 피하고, 손오공과 도둑이 마주서게 되었다.

"이놈, 가진 것을 모두 놓고 가거라."

"못 주겠다면 어쩔 것이냐?"

"네놈의 머리를 깨뜨려 버리겠다."

"그래? 깨뜨려라."

내미는 손오공의 머리를 여섯 도둑이 칼로 내리치고 도끼로 찍었으나, 손오공의 돌머리는 조금도 상처를 입지 않는 것이었다. 제풀에 나가떨어진 도둑들을 향해 손오공은 '이제 내가 때릴 차례'라고 하면서 여섯 도둑들의 머리를 여의봉으로 후려치자 모두 죽고 말았다. 현장법사가 돌아와보니 사람이 여섯이나 죽어 있지 않은가.

"오공아! 불법이 대자대비(大慈大悲)인 줄을 모르느냐? 불법의 제1계(第一戒)가 불살생(不殺生)인 줄을 모르느냐? 사람을 때려 죽이다니."

"햐. 조금 전에는 겁이 나서 똥줄이 빠져라 도망을 가더니, 이제 나타나서 잔소리를 해요?"

"오공아, 여섯 도둑놈(六賊 : 곧 六境)을 돌이키면 육신통(六神通)을 만들 수 있고, 여섯 가지 인식(六識)을 돌이키면 육바라밀(六波羅蜜)을 이룰 수가 있다. 번뇌망상을 떠나서 따로 진리를 구하려는 것은 파도를 떠나서 물을 구하려는 것과 같으니라(廻六賊而六神通 廻六識而六波羅蜜 離妄求眞 離波求水)."

그러나 손오공은 들은 척도 하지 않고 꺼떡꺼떡 몸을 흔들며 생트집만 부린다. 현장법사는 이와같이 크게 그릇된 행동을 하고서도 뉘우칠 줄 모를 때 긴고주를 외워 손오공의 버릇을 고치곤 하였다.

현장법사는 설법을 통하여, 그리고 긴고주로 손오공을 깨우쳐 88사(使:번뇌의 다른 이름)의 번뇌망상을 모두 조복(調伏)시킴으로써 마침내 바라밀의 세계인 천축국에 도착하게 된다. 이와같이 모든 번뇌를 차례로 제어하는 과정을 묘사하여, 우리의 번뇌망상을 떨쳐버린 자리가 곧 바라밀의 세계임을 은유적으로 깨우친 작품이 ≪서유기≫인 것이다.

손오공을 꼼짝 못하게 만든 긴고주! 이것은 바로 용맹정진을 나타낸 것이다. 아무리 잔재주가 많고 힘이 센 손오공이라 할지라도 현장법사가 외우는 긴고주는 당해내지 못한다. 긴고주만 외우면 머리에 쓴 금테고리에서 돌기가 나와 머리 속으로 파고들기 때문에, 그 고통으로 인해 떼굴떼굴 구르지 않을 수 없는 것이다. 현장법사를 따라 구도의 길을 떠난 손오공의 마음이 흩어지고 게을러져서 제천대성 시절의 성질이 나올 때, 그 못된 성질을 억제시키는 근본적인 무기로 등장시킨 것이 바로 긴고주였던 것이다.

그러나 이것 또한 우리들 마음 밖의 일이 될 수는 없다. 공부를 하다가 마음에 해태심(懈怠心)이 일어날 때 생사의 문제가 급함을 깨닫고 정신을 바짝 차려 용맹정진하려는 결심을 다시 한번 거두어 잡는 것, 결정코 생사의 큰 문제를 해결하겠다는 대용맹심(大勇猛心)·견고용맹대력결정심(堅固勇猛大力決定心)을 갖는 것이 바로 긴고주인 것이다.

흔히 규모가 큰 사찰을 가보면 선방(禪房) 위에 '심검당(尋劍堂)'이라고 쓰인 편액이 붙어 있는 경우를 쉽게 발견할 수 있다. 찾을 尋·칼 劍, 취모검(吹毛劍)이라는 반야의 칼을 찾는 집이 바로 심검당이다. 칼날 위에 한 가닥의 머리카락을 놓고 입김으로 가볍게 불기만 하여도 자를 수 있는 날카로운 마음의 칼, 지혜의 칼을 찾겠다는 대용맹심을 일으켜 견성성불을 위해 정진하는 곳이 심검당인 것이다.

선방에서 조용히 앉아 참선을 하다보면 갖가지 번뇌망상이 불꽃처럼 일어난다. 오고 가는 자취도 없이 번뇌가 끊임없이 일어나게 된다. 그 번뇌를 따라가다 보면 모르는 사이에 해태심이 생겨나게 되고, 화두(話頭)를 거두어 잡기는커녕 혼침(昏沈)과 산란(散亂)만이 분분해지고 마는 것이다. 이렇게 되면 참된 수행과는 멀어지고 만다. 이때 필요한 것이 긴고주이다. 이러한 때 긴고주를 외워야 한다.

무엇이 긴고주인가?

흐리멍텅한 상태의 혼침과 산란한 마음을 단칼에 요절낼 결심, 그 주문을 외워야 하는 것이다. 즉, 이 몸으로 이번 생(生)에 기필코 견성(見性)하여 생사대사(生死大事)를 해결하고야 말겠다는 다짐과 함께 또렷이 화두를 들고 정진하는 것이다. 그렇게 긴고주를 외우면서 거듭거듭 삼매 속으로 나아갈 때 반야의 취모검은 눈앞에 나타나게 되고, 바로 우리가 앉아 있는 이곳에 바라밀다, 해탈의 세계가 펼쳐지게 되는 것이다.

불법은 세간 속에 있으며
세간을 떠나지 않고 깨달음이라
세간을 떠나 따로 깨달음을 구하는 것은
마치 토끼의 뿔을 구하려는 것과 같도다

佛法在世間
不離世間覺
離世覓菩提
猶如求兎角

마하반야바라밀을 성취하고자 하거든 마땅히 용맹정진의 마음을 일으켜야 한다.

그리고 이 세간을 떠나, 번뇌망상이 떠난 곳에서 해탈을 구하거나 다른 이상적인 세계를 찾아가려 할 것이 아니라, 우리가 머물러 있는 바로 이 자리에서 파라의 세계를 완성시켜야만 한다. 현장법사의 설법처럼 여섯 도둑(六賊)을 되돌려서 육바라밀을 이루어가야만 한다.

육적은 눈[眼]·귀[耳]·코[鼻]·혀[舌]·몸[身]·마음[意]의 여섯 가지 감각기관[六根]이 해탈을 저해하는 갖가지 죄를 짓게 되므로, 이를 여섯 도둑에 비유한 것이다.

그러나 이들 감각기관을 바르게 쓰면 얼마든지 해탈을 보호하는 훌륭한 일들을 이루어낼 수가 있다. 눈으로는 모든 것을 잘 관찰할 수 있는 천안통(天眼通)을 이루고, 귀로는 세간의 모든 소리를 잘 들을 수 있는 천이통(天耳通)을 이룰 수 있다. 그리고 과거·현재·미래를 꿰뚫어 볼 수 있는 숙명통(宿命通), 남의 마음을 읽는 타심통(他心通), 어디에나 마음대로 갈 수 있는 신족통(神足通), 모든 번뇌를 끊는 누진통(漏盡通) 등을 이룰 수 있는 것이다.

그리고 눈이 색에 현혹되고 귀가 소리에 미혹되고 코가 냄새를 좇아가고 혀가 맛있는 것을 찾고 몸이 감촉에 휘말리고 마음이 분별경계에 집착하는 상태에서 벗어나, 눈으로 깨닫고 귀로 깨닫고 코로 깨닫고 혀로 깨닫고 몸으로 깨닫고 마음으로 깨닫게 된다면, 우리의 모든 삶은 곧바로 보시(布施)·지계(持戒)·인욕(忍辱)·정진(精進)·선정(禪定)·반야(般若)의 육바라밀행으로 탈바꿈되어지는 것이다.

육바라밀!

    남을 대할 때는 주는 마음으로 대하라.
    보수(報酬)가 없는 일을 연습하여라.
    이것이 보시바라밀(布施波羅蜜)이니라.

    미안(未安)에 머무르지 말라.
    후회하는 일을 적게 하여라.
    이것이 지계바라밀(持戒波羅蜜)이니라.

    모든 사람들을 부처님으로 보라.
    부처님께서 욕(辱)하신다면 배울 일이요 깨우쳐 볼 일이다.
    이것이 인욕바라밀(忍辱波羅蜜)이니라.

    이 세 가지는 사람으로서 세상을 대하는 법이니
    옳거든 부지런히 실행하라.
    이것이 정진바라밀(精進波羅蜜)이니라.

이러한 과정으로 시간이 경과함에 따라
마음이 안정되나니
이것이 선정바라밀(禪定波羅蜜)이니라.

이것이 익숙해지면 마음이 편안해지고 따라서 지혜가 나고
지혜가 있으니 일에 대하여 의심이 없나니라.
이것이 반야바라밀(般若波羅蜜)이니라.

마하반야바라밀!

불자들이여, 우리 모두 마하반야바라밀을 생활화하여, 우리 모두가 갖추고 있는 '영원생명·무한능력'의 마하심을 개발하자. 참선·염불·주력(呪力)·간경(看經), 그 무엇이라도 좋다. 우리의 흩어진 마음을 한군데로 집중하고 모아서 삼매(三昧)를 향해 나아갈 때, 우리들의 삶은 자유로워진다.

바라밀다! 해탈의 세계란 결코 멀리 있는 것이 아니다. 용맹심을 일으켜 마음의 산란과 혼침을 다스리며 끊임없이 정진할 때, 우리의 눈앞에 대자유요, 대자재요, 대자대비가 충만된 불국정토가 펼쳐지게 되는 것이다. 그때까지 우리 모두 부지런히 정진하자. 오직 한 마음 돌이키며 용맹정진할지니…….

나무마하반야바라밀.

읽을수록 신심을 북돋우는 일타큰스님의 법어집

참선 잘하는 법 / 일타스님·김현준   신국판 160쪽 6,000원
일타스님이 당신 수행의 중심에 두셨던 것은 화두참선법입니다. 스님께서 살아생전에 설하신 선법문을 정리하여 사람들의 참선수행에 도움을 줄 수 있도록 쉽고도 일목요연하게 엮은 책입니다. 이 책을 읽으면 참선이 결코 어렵지 않다는 것과, 건강과 번뇌 없는 삶을 지키는 길잡이가 된다는 것을 느낄 수 있습니다.

광명진언 기도법 / 일타스님·김현준   신국판 176쪽 6,000원
광명진언 속에 새겨진 참의미와 바른 기도법, 빠른 기도성취법 등을 자상하게 설하고, 유형별 기도성취 영험담을 다양하게 수록하였으며, 누구나 보기 쉽도록 큰 활자로 발간하였습니다. 광명진언을 외우면 행복과 평화, 영가천도, 소원성취를 이룰 수 있습니다.

초심 – 시작하는 마음   신국판 272쪽 10,000원
800년 동안 우리나라에서 불교를 믿는 초심자는 누구나 가장 먼저 읽었던 계초심학인문을 풀이한 이 책을 읽게 되면 진리를 향한 첫걸음을 쉽게 옮길 수 있습니다.

발심수행장 – 영원으로 향하는 마음   신국판 240쪽 9,000원
원효대사의 발심수행장을 풀이한 이 책을 읽다 보면 영원과 행복의 문을 여는 비결, 나와 남을 함께 살리는 길, 깊은 신심을 이루고 참된 발심을 하는 방법을 터득할 수 있습니다.

자경문 – 자기를 돌아보는 마음   신국판 280쪽 10,000원
야운비구의 자경문을 풀이한 이 책을 읽다 보면 인간이 윤회하는 까닭, 참된 나를 찾는 묘법, 해탈을 이루는 비결, 공부할 때 마음가짐, 깨침의 원리 등을 쉽게 알 수 있습니다.

범망경 보살계   신국판 508쪽 17,000원
십중대계와 48경계를 명쾌하고 간절하게 풀이한 이 책을 읽다 보면 어둔 밤에 밝은 등불을 만난 것과 같은 환희심과 함께 참된 불자의 길을 알 수 있게 됩니다.

불교예절입문   4×6판 100쪽 3,500원
불교의 예절 속에는 깊은 상징성과 깨달음의 의미가 깃들어 있습니다. 이러한 관점에서, 합장법, 절하는 법, 사찰에서의 기본예절, 법문 듣는 법 등을 새롭게 정리하여 한 권의 책으로 엮었습니다.

법보시를 원하시는 분은 출판사로 연락 주십시오. 할인혜택을 드립니다.
전화 02-587-6612, 582-6612 팩스 02-586-9078